西方哲理译丛●

Georg Simmel

〔德〕格奥尔格·齐美尔——著

朱桂琴——译

货币哲学

金城出版社
GOLD WALL PRESS
北京·2020

图书在版编目（CIP）数据

货币哲学／（德）格奥尔格·齐美尔著；朱桂琴译．
—北京：金城出版社，2020.6（2023.12 重印）
书名原文：The Philosophy of Money
ISBN 978-7-5155-1925-8

Ⅰ.①货… Ⅱ.①格… ②朱… Ⅲ.①货币-哲学
Ⅳ.①F820-02

中国版本图书馆 CIP 数据核字（2019）第 241549 号

货币哲学

著　　者	（德）格奥尔格·齐美尔
译　　者	朱桂琴
责任编辑	李凯丽
责任校对	李　涛
开　　本	660 毫米×940 毫米　1/16
印　　张	15.5
字　　数	195 千字
版　　次	2020 年 6 月第 1 版
印　　次	2023 年 12 月第 2 次印刷
印　　刷	三河市双峰印刷装订有限公司
书　　号	ISBN 978-7-5155-1925-8
定　　价	38.00 元

出版发行	**金城出版社**　北京市朝阳区利泽东二路 3 号 邮编：100102
发 行 部	（010）84254364
编 辑 部	（010）84250838
总 编 室	（010）64228516
网　　址	http://www.jccb.com.cn
电子邮箱	jinchengchuban@163.com
法律顾问	北京市安理律师事务所　（电话）18911105819

译　序

格奥尔格·齐美尔（Georg Simmel）的《货币哲学》是一本伟大的作品。该书于1900年出版。全书共有六章，分为两大卷"分析卷"和"综合卷"。"分析卷"为第一章到第三章，"综合卷"为第四章到第六章。在"分析卷"里，齐美尔从社会生活的角度深入分析了货币的本质，包括货币与价值的关系、货币的实质性价值以及作为目的的货币；而"综合卷"则考察了货币对整个人类生活的影响，包括个人自由及其与货币的关系，以及货币如何决定生活方式。总的来说，齐美尔认为，货币对社会经济产生了重大的影响，但更为重要的是它对社会文化及个人心理所施加的影响。本书研究的并非严格意义上的货币经济学，而是糅合了经济学、社会学、心理学及哲学的著作，是对货币的一种哲学式的文化阐释。

本书根据戴维·弗莱斯比（David Frisby）的英译本，选译其中"分析卷"的第二章《货币的物质性价值》和"综合卷"的《生活风格》。因为这两部分分别是"分析卷"和"综合卷"第六章里最具代表性的，又与我们的生活联系最为密切。

《货币的物质性价值》可以帮我们更好地认清货币的本质，即货币只不过是一种交换手段，是符号化了的价值。在阐述这一本质时，齐美尔提到了一个很有趣的、人类普遍的心理。“情感冲动努力为一个终极目标而奋斗，却没有意识到所有预期的满足都是相关各方面进步的结果，而当终极目标达到后，所有预期的满足可能会变成不满足。”在这里，联系货币内在价值与抽象价值之间的相互作用，齐美尔让我们联想到了“万劫复归”这一永恒的真理。为了驱逐生命的空虚感，我们在生命的道路上不断地追逐目标，但是达成目标之后，会有新的空虚感。生命就这样周而复始。

《生活风格》讨论了货币对现代人生活方式的影响。从一开始就阐释货币对价值的“僭越”，使它从一种手段上升成为目的。人们获得金钱是为了从各种物物交换中抽身出来，从而有更多的时间和精力从事其他活动。但是货币变成目的之后，货币就奴役了我们的生活，我们所有的生活只是为了赚取更多的钱。而只要人全部生活内容的目的是金钱，那人就无法避免得到金钱后带来的空虚感。与此相随的是，理智对感性的优势，理智逐渐成为生活各方面的标准，人的情感生命逐渐枯萎。第二节里他谈到，正如劳动分工一样，货币的“距离化”也造成人的异化。货币使得事物“从遥远的地方与人说话”，人的感觉根本触摸不到生命实质，人与人之间的关系也由此变得疏远淡漠。此外，在第三节里，齐美尔还提到了货币具有“夷平一切差距”的作用。它导致人们不能感受事物的微妙差别和独特性，只是以一种同一的方式去感受一切事物。人们对事物的主观感知逐渐客观化了。齐美尔在这里启发人们，要学会恢复对事物有差异魅力的感受，从而使人的主体灵魂保持独特性和内在性。

以上都是我在翻译这本书的过程中，感触比较深的地方。如果读者认真阅读这本书的话，我相信可以得到更多的感触和体会。在我看来，表面上，齐美尔是用很多具体的文化和生活现象来分析货币哲学。实际上，他对货币哲学的分析反映出来的却是他的文化哲学。他用悲观主义的笔调描述金钱文化，却又不激烈地批评货币。因为在他看来，货币本身是中立的、不偏不倚的。他的货币文化哲学所关注的是现代社会中人的生存状态。他认为，生命与形式之间的冲突无法融合，人所有的只是“幸即不幸”这一悲剧性命运。

译 者

目 录

分析卷　货币的物质性价值

综合卷　生活方式

分析卷

货币的物质性价值

第一节

货币的内在价值和作为量度①的价值

当我们知道货币的本质后，就会产生这样的疑问：为了完成度量、交换和表征价值的作用，货币本身应不应该有价值；或者说货币只是单纯的表征和象征，而没有内在的价值，就像账户上的数字代表一种价值自身却没有价值，这样行得通吗？

这个问题涉及货币和价值理论最深刻的观点，如果我们用一种经常用到的逻辑辩论的方式讨论这个问题，那关于这个问题所有的技术上的和历史性的讨论就都变得肤浅了。

据说，一种度量工具必须要与被度量的事物具有同样的性质：测量长度的工具本身要是长的；测量重量的工具本身要是重的；测量空间大小的工具本身要有维度。因此，衡量价值的工具本身就要有价值。两个事物在其他方面没有联系并没关系，但当我用它们彼此互相

① 量度与下文中提到的度量，英文同为 measurement，但意义不同。量度指的是作为度量的一种工具，而度量则指把事物进行对比的一种行为。

度量对方时，它们都必须具有我所测量的那种性质。如果不是指同一性质的相关数量，那么我说的任何量的、数的相等和不相等就都是无意义的。这种对等的性质一定不能是事物的一种太抽象的本质。

举个例子，不能把一栋建筑的美与一个人的美作比较，尽管两者都有美这种性质。只有特定的建筑美和特定的人的美才有可能作比较。即使缺少一种共同性质，但是我们还是可以把感受美的主体——他们的反应作为比较的基础。如果我们在感受美的过程中，建筑或者人所激起的美感的量是可以作比较的，那么就可以说尽管建筑和人有着很大的差异，但是二者有着性质上的对等。

同一主体产生了相同的反应，这一事实说明，处在我们之前所说的关系中的客体是相等的。两个完全不一样的现象给予了同一个主体同样的愉悦感，尽管它们大不相同，但它们对主体具有相等的力量，或者说它们与主体的关系是相同的。就像一阵风把树枝吹断，和一个人用手把树枝折断，说明了尽管风和人的性质不能比较，但是风和人有着相等的力量。因此，货币的实体与货币所度量的每一件事物，可以完全不同，但是它们必须在某一点上相吻合，那就是二者都有价值；即使价值只不过是由感受事物后的印象而产生的一种主观反应，至少它们影响了人的价值感这一性质是相同的，虽然这一性质不能与事物孤立开来。因此可以说，货币必须有价值，因为货币是与价值作比较，而且货币涉及价值的一种量的对等。

我想把这一论证与另一个得出不一样结论的论证作对比。在上面举出的例子里，我们可以把风吹断树枝的力量与人手折断树枝的力量进行对比，只要风和人体里存在这一定量的力量。但是用被风吹断的树枝的大小，我们同样可以度量风力的大小。

我承认，被吹段的树枝所表现出的风力的大小，和被人折断的树枝所表现出的人手力量的大小并不是同一意义上的。但是，两股风力的大小是可以比较的，每股风的大小可以通过这样一个事实来比较：一股风吹断了树枝，而另一股风却没能吹断。

对我来说，下面这个例子具有决定性意义。

我们所知道的最不相同的事物，两种截然相反的世界观——无论是形而上学还是科学都没能成功地使它们互相渗透——就是物质运动以及意识状态。由于物质运动的绝对扩张性以及意识状态的绝对内向性，到目前为止我们还没有发现二者相同的切入点。

然而，生理心理学家可以通过影响我们感官的外部运动的变化，来测量我们内在意识力量的相对变化。因为两个因素之间量的关系是持续不断的，一个因素的大小决定了另一个因素的相对大小，所以二者之间就没必要存在任何质的相关性或者对等性。那么，货币本身的价值使得货币可以衡量其他事物这一逻辑原理就不成立了。

不错，只要不同事物有同样的性质，那么这两个事物的量就可以进行比较。任何时候把两个量进行直接对比，我们就预先假设了这两个量之间存在着相同的性质。但是如果要测量的是两个量之间的变化、差异或者关系，被度量事物之间的比例反映了度量工具的比例就足够确定这些变化、差异或者关系了，而且这些事物之间不需要有性质上的相同。

我们不能将两个有着不同性质的事物等同起来，但是却可以将性质不同的事物之间的两种比例关系等同起来。如果 m 和 n 这两个事物之间的关系里完全没有质的同一性，那任何一个都不能直接用来度量另一个。二者之间的关系可能是因果关系、象征与被象征的关系或者与第三个事物有着相同关系等。

我们假设一下，已知事物 a 是 m 的四分之一，而事物 b 是 n 的若干分之一。如果 a 和 b 之间存在着某种关系，与 m 和 n 之间的关系相对应，那么就可以得出 b 等于 n 的四分之一。尽管没有质的统一性，尽管 a 和 b 之间不能直接作比较，然而，却可以用一个量来决定另一个量。比如说，某一定量的食物，与可以满足人食欲的食物确切数量之间没有等量关系，但是如果可以获得满足一半食欲的食物，那么据此我就可以说可得到的食物数量等于食欲的一半。

在这些情况下，只要存在一种整体的关系，就可以度量各部分之间的量。如果我们现在用这种方式理解货币度量事物的话，那么货币与事物的直接可比性以及随之而来的要货币本身有价值的要求就站不住脚了。

为了将这种逻辑可能性变为现实，我们只需要假设，在商品的量和货币的量之间存在一种非常抽象的关系，这种关系经常很隐秘或经常被打断，它表现为：货币供应量的增加与价格上升之间的联系，商品供应量的增加与价格下降之间的联系。因此我们就可以形成了商品总供应量的概念、货币总供应量的概念以及这两者之间互相依存的关系，但是对这些概念的精确范围却有所保留。

每一件单独的商品现在都是可支配商品总额里确定的一个组成部分。如果我们说可支配的商品总额为 a，那么每一件单独的商品 m 就是 a 的 $1/m$，该商品的价格就是货币总额里的对应部分；如果我们说可支配的商品总额为 b，那么该商品的价格就等于 b 的 $1/m$。如果我们知道 a 和 b 的数量大小，以及某一件物品所占的出售商品的比例，那么我们就可以知道这件物品的货币价格，反之亦然。一定的货币量可以确定或者度量一个事物的价值，而不用管货币和有价值的事物是否具有相同的性质，也不用管货币本身是否有价值。

度量的问题

我们有必要一直把度量的彻底相对性牢记在心。相等的绝对数量之间的度量与这里我们讨论的部分数量的意义截然不同。如果假设在某些情况下，货币总额等于待出售商品的价值总额，那么这种对等就不需要被看成是用一个量去度量另一个量。只要二者与评价人及其实践目的有关，他们就可以形成对等关系。

下面这些常见的例子说明，人们把货币和商品简单对应起来的倾向有多么严重。如果一个把商品当作交换单位的原始部落，与把货币当作交换单位的更为发达的邻近部落进行交易，那么这两种交换单位经常就被看作价值相等。因此在古代爱尔兰，当古爱尔兰人与罗马人打交道时，把他们自己的价值单位——一头牛，与一盎司的银子等同起来。

安南[①]偏僻山区的部落，只进行物物交换，把水牛当作一种基本的价值单位，而草原上的另一个较开化的部落，把一定形状的银条当作价值单位，前者与后者进行交易的时候，后者的价值单位银条就被认为与前者的水牛等价。

在老挝的一些落后的部落里也可以发现类似的交易方式，这些部落靠贸易为生。他们的价值单位是一把铁锄，但他们同时也生产黄

① 安南（Annam）：现在的越南。

金，他们把黄金卖给邻近部落，称重的物品。黄金是他们唯一称重的物品。为了称量黄金的重量，他们又必须得用上谷物，所以他们售出一定谷物重量的黄金，换来一把铁锄。在总量大致相等的贸易里，一物换一物就是等量关系的朴素表达形式。物物交换里的单件商品表明了所有商品的价值，正如单个的货币单位代表了货币总额的概念。我们可以这样假设，单个单位之间的关系被理解为总量之间的关系，至少是象征性地如此。

如果这些总量的相等是作为一种有效的、尽管是无意识的先验性存在，那么就会出现部分的量之间的一种客观的比例，但不包括部分的量之间的主观的偶然的比例。因为既然货币和商品的确都存在某些相同的东西，也就是说，二者的部分的量与总量之间的分数关系。

如果我们假设价格完全相等，那么交换中的每件商品都与它的价格相关，就像待售商品与可消费的货币总量相关一样，而货币是否与商品有着观念的、质的关系则完全没关系。如果一件商品值 $20l/m$，它就代表了货币总供应量的 $1/n$，也就是说它的价值是商品总供应量的 n 分之一 $1/n$。通过这种手段，$20m$ 就可以用来衡量商品的价值，尽管它们一般完全不同。

然而，我们得牢记，假设所有商品和货币之间存在着一种简单的关系，这还仅仅只是一个初步的、粗略的、概要式的开始。如果将一件商品直接与一种货币价值等同起来，我们就有理由认为这件商品和这种量度一定有某些相同的性质。但是为了交换和估价的目的，只需要决定不同（或者所有）商品之间的关系（也就是单个商品除以所有其他商品的结果），并把这种关系与可获得的货币供应量中的对应部分等同起来就足够了。这只需要一种数字上可确定的量。如果商品

n 与待售商品总量 A 相关，正如货币单位 a 与可获得货币的总额 B 相关，那么 n 的经济价值的表达方式就是 a/B。

但事实并不总是这样，因为我们视 A 和 B 为理所当然的概念。A 和 B 的改变不容易觉察到，我们也没意识到它们作为分母的作用。我们仅仅只是对每种情况里作为分子的 n 和 a 感兴趣。因此，就可能会形成这样的观念，n 和 a 是以某种绝对而直接的方式对应的，而情况如果真是这样，它们应该会有一些相同的性质。如果作为这种关系之基础的普遍元素被忘掉的话，如果这种元素只是在实际中而不是意识中起作用的话，那么这就可以说明人类本质的一个重大特征。人类意识有限的接受性，以及对其经济恰当地使用，意味着一个事物数不清的性质和方面中只有一小部分能够引起我们的兴趣，我们会考虑到这一小部分。

依照不同观点，选择那些吸引我们注意的因素，并将这些因素排序，这样它们就可以形成一个系统的序列，这样就足够了。

这一序列是由一系列的现象开始的，在这些现象里只有那些对所有人都共通的事物，我们才会加以考虑，也只有那些所有现象共有的基础，我们才会考虑。

在天平的另一端，只有每个现象所独有的特征以及绝对的个体性，才会进入我们的意识。然而，那些普遍的、基本的因素则不会受我们注意。在这两个极端中间，在各个层面上，都存在着整个现象的要点和方面，我们往往会最关注这些要点和方面。

一般说来，理论上的兴趣更多是把意识指向抽象性，而实践上的兴趣则使意识更多地指向事物的具体特征。对那些喜欢形而上学的思想家来说，事物的个体差异通常被认为是无关紧要的，他只会关注像

“存在”（being）、“生成”（becoming）这些抽象的概念，对所有事物都共通的概念。

另一方面，实际生活要求我们去注意人与人之间以及我们所关注的不同情况之间的差异、特质和细微差别；然而，普遍的人类性质以及所有的问题状况的普遍基础看起来很明显，却不需要特别关注。的确，这些关注可以艰难地澄清问题。

比如，一个家庭成员之间的关系，是在各成员的特定经验的基础上发展起来的，通过这些特定经验，不同成员之间互相区分开来。这些家庭关系的普遍特征，却不是家庭成员的特别观察的主题。只有局外人才能够描述这些关系。然而，这并不是说这种普遍的未意识到的基础在心理上不起作用。

实际上，根据普遍特征以及弥漫在作为整体的家庭里的氛围，每个家庭里成员的个体特征会产生不同情况。这种氛围提供了一种通常不受关注的基础，在此基础之上，个体的特征按照自身特定的方式向前发展。比家庭大的群体，情况也同样如此。即使人与人的所有关系都取决于单独个体的特定贡献，这些关系实际上以特定的形式形成，因为它们是普遍的人类现象和状况，普遍现象和状况是分母，而个体差异是分子，形成了人类关系的整体。对货币价格来说，也普遍存在着同样的心理关系。商品的价格与一定量货币的价值的对等关系，并不意味着简单因素之间的对等关系，而只意味着一种分数关系，是两部分之间的对等关系，在既定的经济领域里，它们对等关系的分母，一个是商品总量，一个是货币总量。当然这两种量必须有更严厉的规定。

以下事实建立了对等关系，因为实际原因，这两种总量是预先被设为对等的，或者更准确点说，我们处理这两个范畴的实际情况，作为对等方式在我们的理论意识中反映出来了。

然而，因为这是特定商品和特定价格之间的所有对等关系的一般基础，它并没进入我们的意识，但是提供了无疑始终起作用的因素，没有这个因素，那些引起我们兴趣并进入我们意识的个体情况，就不可能形成一种关系。绝对的基本的对等关系的至关重要性，将使剩余的无意识的因素变为现实，就像我描述过的类似情况那样。

如果我们假设货币没有实质价值，那么单个货币价值将与商品无关，而该商品的价值本来由该货币价值表达，只要我们的观察局限在这两个因素。你也许不知道为什么一定量的这个事物的价格高于一定量的那个事物。但是如果我们预先假定，待出售的事物的总量与货币总量绝对相等（以后再讨论“总量”的意思），那么每一件单独商品的价格就变成其价值和商品总价的简单比例，这个比例又出现在价格和货币总量的关系里。我要再次强调的是，这不是循环推理，一定量的货币度量特定商品价值的能力是建立在所有货币和所有商品对等的基础之上的，而这种对等关系已经假设了用一个衡量另一个的可能性。至于是否每一种量度都要求事物存在某种相同的性质这一问题，将与特殊情况无关，没得到解决就被假设撤销了。

然而，相对数量有可能做量度，只要绝对数量之间存在关系，而绝对数量不需要有可度量性或者同一性。一个铁管的大小和一定的水压之间当然没有同一性和度量的可能性，但是如果两者是某个动力输出的机械系统的组成部分的话，在知道水压的变化情况下，就有可能根据输出能量的变化，计算出系统中铁管的直径。

同样地，一般情况下，商品和货币是不能彼此度量的，但是两者在人类生活中都起作用，这就够了，在人的实践目的系统里，其中一个的量的改变就可以成为另一个的索引。罗马人根据钱币的相对重量而非绝对重量来确定钱币的价值，这一现象与我们把每一货币量的意义简化为一个分数（即使这一分数的绝对量和部分量还没确定）这一道理有关。因此一爱斯①只意味着十二部分组成的整体。它可以指一份遗产，数量或者重量，指一磅或者一磅中的任何部分。度量的相对性进入我们的意识并起作用，这一事实不受这一假设——假设在古代一爱斯象征着具有特定绝对重量的铜条——影响。

有效货币的量

现在我们要具体地讨论货币总量这个概念的条件。不是因为待售商品和可用货币之间量的差异不可度量，才不能说可用货币和待售商品是对等的。两者之间并不存在或多或少的直接关系，因为它们没有共同的量度，不像有相同性质的事物有共同的量度。商品的量不是与一定量的货币相关，因为原则上货币所有的目的可能通过你所期望的很少的货币量达到。在实际中，货币目的能够实现而不中断交易的范围是由以下有记载的例子表现出来的。

几个世纪以前，俄国的银币尺寸很小，小到甚至不能直接用手把它们从桌上拿起来。人们把银币从钱包里倒在桌上，把要付的钱和剩余的钱分开，买家和卖家都用舌头把各自的份额舔起来，然后吐到各自的钱包里。

① 爱斯（as）：古罗马货币单位，一爱斯等于十二个盎司。

你也许会说，不管可用货币的绝对量是多少，只要货币还行使着货币的功能，就需要保存很多的“货币”。所不同的是这些货币（钞票或钱币）量形式的不同，也就是货币材料的不同，但它们作为货币的量是不受影响的。因此，所有商品和货币之间直接的比较不会有任何结果。货币总量和商品总量——总量作为表达价值的分数的分母——之间缺乏某种关系是因为货币总量的周转速度比商品总量的要快得多。只要可能，没人会放着大笔的钱不用，但通常情况就是这样。

但是在商品没卖出前，商人必须保留商品库存的相当部分，没有商人能够幸免。如果把非待售的事物也包括在内的话，那么周转速度差别就更大了，因为那些非待售商品只有有人愿意买了才偶然会被售出。如果商品总量售出的货币总额是根据实际应支付的商品价格计算出来的话，那估计就要大大超出实际的货币总量。

从这个角度来看可以说，货币比商品要少得多，商品及其价格之间的比例与所有商品及所有货币之间的比例不对等，而是要小得多。然而，有两种方法可以拯救我们的基本立场。

首先，我们可以把实际正出售的商品量当作商品总量。这里我们用到了亚里士多德的观念：未售出的商品仅仅只是可能的商品，只有当它被售出时它才是真正的商品。正如只有当货币行使货币的功能，比如用货币买东西时货币才成为真正的货币，只有当商品被卖出去了商品才成为商品，在这之前，它只是可能出售的物品，一个观念中的商品。

从这点就可以分析出一个明显的结论，货币的量和待售商品的量是相等的。当然，这里的货币包括货币以及所有由银行和信贷系统提供的货币替代物。可以肯定的是，暂时被排除在销售过程的商品不起任何经济作用，如果商品总量或货币总量全部投入到流通中，那么经济生活将会发生翻天覆地的变化。

如果进行更进一步的考察，以我之见，储备中的商品总量要对实际销售起作用，只能通过三种方式：一是货币的流通速度；二是货币及货币等价物材料的产量；三是货币储存和支出之间的关系。但是这些因素已经在实际的周转过程中起作用了，在它们的影响下，形成了商品和价格之间的经验关系，它们也不排除把商品总量解释为某一特定时刻商品的实际销售量。

其次，这种情况也可以看作是这一事实的后果：等量的货币——因为货币不像商品可以被消费——可以进行无数次的交易，而在某一特定时刻，当与商品量进行比较时，货币流通速度之快可以弥补货币数量之少。较高层次的金融活动清楚地表明了，货币的实体在价值交易中只起很微小的作用。1890 年，法国银行活期账户的周转率是实际存款的 135 倍（540 亿法郎对 4 亿法郎），而德国银行的这一比率为 190。在投入使用的货币，即决定商品价格的货币里，由于流通的结果，货币的实际总量与可用货币相比，可忽略不计。因此我们可以说，在特定时期但不是单独一刻，流通中的货币总量与这时期内待售物品的总量是对应的。

为了更多地买进商品，个体的支出及对价格的接受，与他花钱的方式无关，但是与他长时期内的总收入有关。在我们的等式里，如果货币的分母不是作为实体的可用货币的量，而是一段时期内由货币流通所决定的可用货币的量，那么货币分数可能与商品分数相等。

从这点来看，待售的库存商品以及与货币价值相对应的商品之间的矛盾就可以解决了；而且，在自足的经济领域里商品总量之间不会产生基本的比例失调，这一论断也成立。尽管人们还没就特定商品及其价格之间的关系达成一致；尽管如果相关分数的明确大小已经在心理上形成了，而由于客观变化，另一个不同的分数却更合适，波动和失调会继续发展；尽管由于交易数的迅速增加而导致的交易手段的暂时短缺，前面的论述还是成立的。

金属的进出口，是某个国家的商品价值相关的货币短缺或过剩的结果，只不过是更大经济范围里的调整，而在某些国家，这个更大的经济范围就是一些省份。金属的进出口表示，在某个省份发生改变后，两个省份之间已经重获了正常关系。

在这些情况下，既定价格合不合适这个问题的答案，就可以从下面这两个问题里得出：第一，目前货币量以及待售商品总量是多少；第二，我们考虑购买的商品与待售商品总量之间的比例是多少。第二个问题很关键。我们可以在客观上和数量上判定商品分数和货币分数之间是否对等；而一般商品和一般货币之间的对等只是一个权宜之计，不能在逻辑上判定能否成立。

商品总量和货币总量之间的关系已经具有一种公理般的意义，该公理的正确与否与建立在这公理之上的论断的正确与否意义不一样，只有后者可以被证明，而公理不能指向任何由它演变出来的东西。这里就形成了一个非常重要的方法论规则，我要从一个完全不一样的价值范畴来阐释这个规则。

悲观主义的基本论断是说，生活中的痛苦要远远大于快乐，也就是说从整体或者平均水平来看，生命所经历的痛苦要比快乐多。但根本不可能做这样一个论断，这个论断预先假设了作为性质相同而表征相反的两个量，快乐和痛苦是可以直接平衡，可以互相抵消的。

在现实中，这根本不可能，因为没有共同的量度。我们痛苦时，我们根本就不知道需要多少的快乐来补偿我们的痛苦。那么我们又怎么解释我们总是做着这样的比较，也就是在日常生活中，在持续的生命力，在个体生命的综合力，我们判定快乐的数量已经比痛苦的数量多还是少呢？

这是有可能的，因为生活经历告诉我们，在不同程度的严格意义上，实际上幸运与不幸是如何分配的，在获得一定量的快乐之前我们要经受多大的痛苦。只有我们形成了类似于此的一些观点，我们才能这样说，而不管我们说这话时无意识，不管这说法多么模糊，说在特定情况下，为了快乐我们付出的代价太大了，比如说承受了太多的痛苦，或者说在个体生活中，痛苦远多于快乐。平均水平自身不时能“不成比例的”，因为我们是依据它这个标准，去判定在个体情况里快乐和痛苦之间的关系是好还是不好。

同样，我们也不可能说人们的平均身高是高还是矮，因为这个平均身高提供了一个标准，我们是通过这个标准去量个体的身高。“时间”流逝得快或者慢，这说法也是骗人的，因为时间的流逝——比如说我们感受事件发生的平均速度——就是测杆，我们是通过这个测杆测量单个事件的发生是快还是慢，而这个平均速度本身既不快也不慢。

因此，人们的平均生活包含的痛苦比快乐多，这一悲观主义的说法在方法论上是不成立，反过来的乐观主义也如此。对快乐和痛苦（换种说法，一个个体或一段时间内快乐和痛苦数量的平均值）数量的感受，是一种原始现象，这一现象的组成部分之间不能互相比较，因为要做比较，就需要一个既独立于做比较的双方又包含双方的量度。

这足够概括我们这里所用到的知识类型。在以上提到的领域里，同样在其他领域，基本元素是不可比较的，因为它们有着不同的性质，它们彼此之间不能比较，也不能用第三种元素来度量。但是同时存在着一定量的某种元素和一定量的另一种元素，这一事实提供了可以用到个体情况、个体事件及个体问题里的一种量度，而在这些情况、事件和问题里，同时涉及了这两种元素。

就此而言，在某些个别情况里，如果元素之间重现了总量所表现出的比例关系，那么这些元素就有了一种“正确的”即正常的、平均的或者典型的关系，而不正确的关系就表现为某种元素“占了多数”或者“不成比例”。在个别情况里，这些元素自身和总量一样也没有或对或错、或相等或不等的关系。只有当整体的总量作为一个绝对的事物而存在，通过这个绝对事物来计算单个的、相对的事物，这些元素才能获得以上的那些关系。绝对事物不会受制于比较的规则，比较的规则只对相对的事物起作用。

待售商品及其货币价格之间的关系就属于这种类型。也许就内容来说，它们没有共性；也许它们不相等，所以它们在量上就不能做比较。但是因为待售的每一件商品和货币的总量共同构成了经济体系，一件商品的价格可以是“合理的价格”，只要这个价格构成了有效货币总量的一部分，就像一件商品构成了商品总量的一部分一样。

双方互成比例不需要商品和一定量货币在“价值”上的相等。

货币价格根本不需要代表一种价值，或者至少不是与货币同种意义上的价值；该货币价格只需要构成货币总额的一部分，就像一种商品构成商品总量的一部分一样。个体的经济交易表明了，一件商品的货币价格是怎样取决于该商品与商品总量的关系的。

我们说只有当我们获得合理的等价物时，我们才愿意出让货币（对我们来说，货币太不方便了）。任何节省下来的货币都是一种积极的利润。如果我的钱没什么其他用途的话，我会毫不犹豫地花掉所有的钱买需要的东西。

商品价格的合理性意味着，作为一个普通人的我，剩下的钱可以买其他我想要的东西。每买一件东西，都要顾及到我还能不能买其他东西。如果每个人都以这种方式管理他的消费，那么买一件商品的钱就与他的总收入成比例，这就意味着，他买一件东西的花销与他的总花销有关，就像一件商品的重要性与他所需要的和可以买到的商品总量相关一样。

很明显，这种个体的私人经济模式不仅与一般性的经济模式相似；它的普遍应用还决定了商品的平均价格。这种持续不断的主观调节影响着商品和价格之间的关系；这种关系不仅取决于有效商品的总供应量与货币的总供应量之间的比例关系，还取决于个体的总需求与他的有效货币收入之间的比例关系。

货币有内在价值吗？

前面的讨论并没有触及在现实生活中货币到底有没有价值这个问题，而只说明了货币度量价值的这个功能并没强加给货币本身以有价值这一特征。然而，货币的确具有价值这一可能性，不仅为我们理解货币的历史发展开辟了道路，而更重要的是，为我们理解货币的本质特征开辟了道路。

在经济发展的最初阶段，实用价值——牛、盐、奴隶、烟草、兽皮等——就被当作货币。不管货币最后演变成什么样子，它在最初肯定就呈现出这样的价值形式。只有当目的链条延伸得很长，很可靠，可以保证即刻会变得无价值的东西能帮助我们获得其他价值时，我们才有可能用最有价值的东西交换印刷过的纸。

正是以这种方式，人们才可以进行一系列的逻辑推理，经过一些不可能或者矛盾的阶段，最后得出有效的、有约束力的结论，但是整个思维过程必须具有方向性并且准确无误。原始的、游移不定的思维在中间的某一个阶段必然会失去方向；因此只有在每一步都明确而准确的情况下，这种思维方式才会起作用，但是代价是思维方式不够灵活，而思维的目的范围不够全面。

价值通过无价值的事物延伸，极大地扩张了价值的范围和其实用性，然而这是以个体不断上升的理智力和群体的组织性为前提的。没有人会傻到用有价值的东西交换没价值的东西，除非他肯定可以把后者变得有价值。交换最初必然是物物交换，是直接价值之间的交换。我们可以这样假设，很多东西之所以经常交换、流通，是因为这些东西大家都想要，那么它们与其他东西相关的价值就经常被度量，这些东西从心理上来讲就容易变成价值的一般标准。先前得出的结论是货币不需要有价值，但是这里得出的结论就与先前的形成鲜明对比，在这里我们发现人们最需要的和最有价值的东西很容易变成货币。

我这里说的“需要”不是生理意义上的需要。

举个例子，对装饰品的欲望也会在我们认为的“必需品”里起主要作用。的确，人们经常说，原始人的身体装饰及其装饰品要比我们认为的急需品更有价值。对我们来说，我们对物品的需要，只不过强调了我们对物品的感情，而这种需要本身是相等的、“中立的”或者说全部取决于我们的目的。

因此，我们不能在理论上推算出哪些价值是紧要的，能够发挥货币功能。对我而言，唯一不可或缺的假设就是：由于一些物品经常被需要，它们被用来交换其他物品的频率比较高，而货币特征最初就是与这些物品相连的。只有当货币的物质实体被当作是直接价值的时候，货币才会发展成一种交换手段，或者一种价值量度。

目前，通过比较，货币不再有价值了，这是因为它的实体被当作一种必需品，一种不可或缺的价值。现如今没有哪个欧洲人会因为硬币可以换来一块珠宝而觉得这个硬币有价值。现在货币的价值不能追溯到它作为金属的价值，正是因为稀有金属现在可以大量地得到，它们只能被用来做装饰品，或者用于其他技术性目的。

如果用注重货币作为金属价值的理论来思考问题的话，那么就会导致产生大量由稀有金属制成的物品，而它们的价值因此会降到最小值。根据货币转换成其他物品的可能性来判断货币的价值，但这种估价的可能性很小，小到仅限于确实发生过或只在非常小的范围里发生。尽管在货币发展的最初阶段，即稀有金属的供应量很小，货币的价值可能还是取决于它用作装饰的用途，随着生产的发展，这种情况逐渐消失了。

后来的事实更进一步证明了这个结论，尽管原始人认为自我装饰的特殊风格非常重要，但随后对价值大小的判断实际上认为这种兴趣是“可有可无的”或“多余的”。在现代文化里，装饰品根本不起任何社会作用，不像我们惊讶地在人种志甚至中世纪的记载里所发现的那样。这一事实必定会削弱货币制造材料对货币价值的重要性。

可以这样说，货币价值不断地从它的起点（terminus a quo）移向它的终点（terminus ad quem）。随着人们心理上对货币的金属价值越来越不关心，金属货币和纸币就立足于同样的基础之上了。而根据纸币只是金属的汇票，就认为纸币的无价值性无关紧要，这是错误的。纸币作为货币仍然有价值，也反驳了这一点。即使有人指出，单凭政治权利就可以影响纸币兑换率，这正好说明，除了直接的物质用途，其他原因也可以给予、实际已经给予货币价值以特定的实质。

纸币对金属货币的不断取代，以及信贷的各种方式，不可避免地影响了货币的特征，这就大致像在人际关系里，当某人允许其他人代表自己，最终他得到的尊重不会比他的代表得到的多。货币的功用价值越超过了它作为实体的价值，它的作用范围就越广，作用形式就越多，它流通得也越快。现代商业越来越倾向于消灭作为价值的实体表现者的货币，而这种趋势又是不可避免的，因为即使稀有金属的生产量达到最大值，也不够使得所有交易都使用现金。一方面是票据交换业务（Clearing house business），另一方面是国际汇票交易，只是这种普遍倾向里的显著例子。我们将在这章的最后一节里讨论它们的早期特征。

一般说来，经济观念越不发达，量度就越强烈地涉及到所比较价值之间的直接物理关系里。根据先前的解释，商品和货币额之间的加之对等是由两部分的对等组成的（在这两部分里，单个商品和单项货币额是分子，而商品总量和货币总额是分母）这一解释明显普遍成立，因为只有这种解释能把特定的商品转换成货币。

然而，因为货币的演变发展速度很慢，我们会从所交换物品的直接比较这种原始模式中发现这种对等模式。也许最慢的阶段要数新不列颠岛报道的一个案例。当地人把串在一起的贝壳当作货币，称之为“德瓦拉”(dewarra)。这种货币用于度量长度（例如，一臂长等）的买卖里。买鱼时，要付的德瓦拉的长度等于鱼的长度。

根据一些报道，在使用贝壳货币的地区里，仍然流行着这样的购买方式，即两件商品的长度相等，它们的价值就相等。因此，一定长度的谷物就值一定长度的贝壳串。这里，商品和价格的直接对等就找到了最彻底、最简单的表达方式。数量上不等的事物不会进行比较，这代表了一种更为发达的思维过程。

芒戈·帕克（Mango Park）对 18 世纪一些西部非洲部落的报道里，提到了一些初级的、根据量的对等而简单判定价值的对等这一现象。流通的铁条就是货币，并用它来标示其他商品的量，因此一定量的烟叶或者朗姆酒常常被说成是“一铁条的烟叶”或“一铁条的朗姆酒”。在这种情况下，把价值对等视为量的对等，这一倾向显然是在原始的价值体系构成中一种有力的元素，它被转换成了语言表达形式。

其他几个表象很不相同的现象，可以归因于这种普遍的态度。第聂伯河的奥尔比亚城（米利都的殖民地）的古铜币，被保留下来了，它们有着鱼的形状，上面还可有鱼（很有可能是金枪鱼）和鱼篮的图案。有人猜测，这个靠捕鱼为生的部落最开始可能用金枪鱼作为交换的标准，钱币引入以后，可能由于要与较不发达的邻近部落交易时，所以有必要在每个钱币上刻上鱼的图案，一个钱币代表一条金枪鱼，因此通过用相同的形式表示钱币与实物具有相同的价值，从而进行交换。

在其他地区，把一个物品（牛、鱼或者斧子）的图案刻在钱币上的这种直观联系就没那么明显，其中这个物品在物物交换时期是交换的基本单位，其价值就是该钱币的价值。同样的情况在阿维斯陀故经中也很普遍，书中一方面规定：一个医生医好一个房主，他的诊费就是一头次等的牛；医好一个村长，诊费就是一头一般的牛；医好一个镇长，诊费是一头上好的牛；医好省长，诊费则是一辆双驾马车。另一方面又规定：医生医好村长的妻子，他就可以得到一头母驴；医好贵族的妻子，得到一匹母马；医好理事长的妻子，则可得到一头母牛。病人性别与价值等价物性别的相同表明了把价值对等建立在直接外部对等性基础上的倾向。这和这一事实一样：货币最初是由大而重的物品（比如兽皮、牛、铜或青铜）组成，比如贝壳货币。

我们所知道的第一张纸币，来自于14世纪的中国，18英寸长，9英寸宽。农民说过的“纸币越大就越有钱”仍然有影响力，反映了一种自然主义的情感，只有通过更缜密、更思辨的实证主义才能证明这句话是错的。

最大的稀有金属货币几乎全部都是在较不发达的部落里发现的，这些部落普遍进行物物交换。最大的货币有安南人的卢尔（lool），值880马克，有日本的奥邦（obang）值220马克，还有阿善提的本塔（benta）；安南人也有一种值60马克的银币。同样的对数量重要性的感情，使得铸造大型钱币的特权保留在最高官员手里，而小型钱币，虽然材料一样，是由职位较低的官员铸造的。波斯皇帝铸造大的钱币，而总督铸造小的钱币，其价值不足皇帝所铸的四分之一。钱币量多形大这个特点不仅仅是金属货币早期的特征，而且还是货币之前形式的特点。

公元1世纪居住在萨勒和易北河中间区域的斯拉夫人，是个蛮荒的原始民族，用亚麻布作货币。一块布的交换价值是100只鸡或者足够10个人吃一个月的谷物。而在更高级的货币体系里，值得注意的是，货币的观念越来越不受金属货币的影响。中世纪的基尔德①是值一个达科特②金币的银币，而现在它只值100个铜法新③；原来的格罗申是④一种厚厚的银币；原来的马克值一磅重的银币，而现在一英镑等于七马克。在原始的物物交换条件下，货币交易的产生不是为了满足日常生活小的需要，而是为了获得更大的、更值钱的物品。

在尚不发达的文明中，人们有喜欢对称的特征，这一特征也影响了货币交换，要买大的物品就需要大笔的货币。只有当文化发展到了较高阶段时，相当多的量的不对等才允许权利、意义和价值的对等。当实际生活建立在物品对等的基础上时，人们首先就会要求一种直接对等，正如原始货币的大小与它所交换的物品大小有关一样。

同样的，后来形成的抽象性认为，小块的金属是任何大小物品的等价物，因此抽象性就达到了这样的目的，即对等关系的一边本身不再作为价值起作用，而只是另一边价值的抽象表达形式。因此，在现在经济的所有变化里，货币的度量功能（与它的物质内容联系不紧密）改变得最少。

---

① 基尔德（Gilder）：旧时德国、奥地利金银币。

② 达科特（Ducat）：曾在欧洲通用的金币。

③ 法新（Farthing）：英国铜币，最小的硬币，值四分之一便士。

④ 格罗新（groschen）：奥地利的青铜币，德国的10便镍币。

货币纯符号性特征的发展

人类最大的进步之一就是发现除了旧的物质之外的一个新世界，这一进步要在两种数量之间建立比例关系，不是通过直接比较，而是通过这两种量都与第三种量有关这一事实，就是通过这两种关系之间要么对等要么不对等的事实。

已知两种性质完全不同的行为，如果就要求的努力而言，它们都表现出了相同的意志和自我牺牲的力量的话，那么它们就是可以比较的。两种命运展示了快乐程度的不同，这两种命运有可比较的关系，只要根据每种命运的承受者该得到这种命运的程度来解释他们各自的命运。

速度完全不一样的两种运动可以相关、相等，只要我们观察到在最初阶段两种情况里加速度相等。两种元素之间会出现一种同质性，这两种元素的实质不同，但是却和第三种或者第四种元素有着同样的关系。因此一种元素就成了比较另一种元素的因素。而且，不管两个人外部特征多么不相同，但他们两个人和第三个人之间的关系就使他们之间有了相同性，只要他们中的一个对第三个人表现出的爱或恨、支配或被支配程度与另一个人对第四个人表现出的程度相同，这些关系就建立了人格特征的分隔性。

最后一个例子就是：不同类型的艺术作品的完美程度不能作比较，它们的价值也不能用同一个尺度衡量，除非它们二者从开始就与各自的特定理念有着明确的关系。从这个思路出发，各件艺术作品的材料和风格就会衍生出一种规范，而实际作品多多少少会靠近这种规范；而正是这种关系，使得我们有可能比较两个即便最不同的艺术作品。这些关系与这一规范的可能一致性会产生一个美学的宇宙、一种精确的秩序以及一种价值关系理想的同质性。

从孤立的评价材料中，我们可以发展出一种划分意义等级的模式。我们所感知的不和谐只是由于我们想要一种始终如一的秩序以及各种价值的内在关系的结果。我们把我们的世界观的这种基本特征归因于我们平衡事物的能力，不仅仅是平衡两个事物之间的关系，还可以平衡这两个事物与另外两个事物之间的关系，通过判断它们关系相等还是不等，把它们统一起来。作为这种基本能力的产物或者我们思维的形式，货币不仅是个极端的例子，而且还是这种能力的纯粹化身。因为货币可以表现为交易中实现的事物之间的关系，只要它把一特定量和总量之间的关系，以及一件商品与待售的商品总量之间的关系等同起来。

货币本质上不是一种有价值的事物，它的组成部分之间比例关系不等，某个组成部分与整体的比例关系与其他部分与整体的比例关系也不等。货币的意义仅仅在于表达不同事物之间的价值关系。它之所以能够成功地做到这一点，是因为人类智力的不断发展提高，人的智力可以让两个本身不相等或不相似的事物之间形成对等关系。这种能力是从一种原始能力进化而来的，那种原始能力只能直接判定和表达两个事物相等还是相似。我们之前提到的在货币及其交换价值之间建立直接关系的企图就是这种能力的最初根源。

在现代经济里，由重商主义体系开始了这种转换。政府努力要在国内聚集尽可能多的货币，当然就是受“钱越多就越会赚钱”这一原则的指导，但是这些措施试图要实现的最终目的，却推动了工业和市场的发展。超越这一阶段的下一阶段就是发现维持这种目的的价值不是源于作为实体的货币，而是源于劳动力的直接产品。早期的国家政策目的都极为相似，就是要尽可能多地获得土地，并在上面繁殖尽可能多的人口。

直到18世纪，政治家都没意识到，除了扩张国土之外，还有什么方式可以促进国家的壮大。然而，在特定历史条件下，对这些目的的正确评价也没能阻碍人们发现这一事实：这种富足只有作为动态发展的基础才有意义，而动态发展实际上对上述事物（土地或者货币）的需要是有限的。越来越明显的一个情况就是，货币等价物物理上的效用，对产品和财富的增加越来越不重要了，尽管追求大量的货币，更多地是为了明确的功能性目的而不是为了货币本身。这些目的可以通过自由随意的程序实现，而这些程序可以不涉及到货币的实质形式，正如国际货物交换所呈现出来的那样。

根据我们前面的讨论，货币表达商品相对价值这一意义，独立于货币的任何内在价值。就像度量空间的尺度是由铁、木材还是玻璃制成的并不重要一样，因为我们关心的只是它的组成部分之间的关系以及它与另一个量度之间的关系，所以货币为我们决定事物价值而提供的尺度与它的本质性质无关。作为商品价值的标准和表达形式，货币理念上的意义完全没变，而它作为一个中介，一种储存以及价值交换的手段——这些特征在某种程度上已经改变了，并且还在改变。最初货币行使其职能时具有直接性和实体性的形式，后来这种形式发展成一种观念的形式，也就是说，它现在只是作为一种观念在起作用，而这种观念包含在一种代表性的符号里。

货币的发展似乎是高级文化发展趋势里的一个元素。文化层次的不同，可以通过以下这两个方面来划分：一方面，在多大程度以及在哪些点上，文化与影响文化的事物有着直接联系；另一方面，在多大程度上，文化使用符号。根据以下这些方面来看，人们的生活方式是根本不一样的：宗教需要的满足，是通过象征性的仪式和规则，还是通过个体与上帝直接接触；人与人彼此尊重，是通过已建立的规则（通过特定礼仪表示人与人相对地位），还是通过非正式的礼节、喜爱和尊重表现出来；购买、协议和合同的履行，是通过简单告知它们的内容，还是通过庄严承诺的外部符号使之法律化并有约束力；理论知识是直接与感官实官打交道，还是通过一般的概念和形而上学的或者神话学的符号与实在的载体打交道。当然，这些区别并不是严格意义上的。

人类的历史表现出了在这些区别之间的持续波动。一方面，实在的符号性表征不断增加；另一方面，作为一种相反的运动，符号一直在被分析、被简化成它们的最初基础。

我要举一个简单的例子。长期以来人们一直把性事隐藏在礼仪和羞耻感的后面，却毫不犹豫地使用有关性事的词语。只是到了最近几个世纪，这些词语本身也受到了同样的禁忌。因此符号就与人们对现实的情感态度达成了一致。但是在最近的时代，这些联系又再次被瓦解了。

艺术上的自然主义让我们注意到了这种差异的缺失以及感官的自由，如果同样的感觉被依附在词语上，这些词汇也仅仅只是用于艺术目的的符号，正如感觉依附于事物本身。下流粗鲁的表征根本不是像下流粗鲁表现一样的东西；对实在的感知也必须与符号世界区分开来，艺术（包括自然主义）存在在符号世界里。也许在这些情况下，有教养的人谈论微妙的主体时，就会有更大的自由。

只要预先假设了客观的、纯洁朴素的态度，那么之前被禁止的事物就可以解禁了。羞耻感更加被限制在事情本身里，而不会影响符号的纯粹世界。

因此，实在与符号之间的关系就在更加狭窄、更普遍的领域里波动。几乎所有的人都会这样想（虽然这种概括不能被显现出来），在文化（最后会是每一个民族、每一个群体和每一个个体）的每一个发展阶段，为了处理文化感兴趣的事物，我们要用到符号方式和直接的现实主义方式，在这两种方式之间存在着一种特定的比例关系，或者说，这种比例关系是稳定的，只有受这种比例影响的事物才会发生变化。

也许可以说得更具体一点，象征主义的普遍流行，既是文化发展的原始稚嫩阶段的一部分，也是高度发达、复杂阶段的一部分。可能是这种进步发展把我们从认知领域里的符号中解放出来了，但又使我们在实际事务里越发地依赖这些符号。与神话世界观的模糊象征主义相比，现代哲学在阐释事物时表现出了一种无可比拟的直接性。

另一方面，生活经验的广延性和集中性造成了这样一种结果，与更简单、更严格的条件下的情况相比，我们不得不在更大程度上通过符号形式去包容、浓缩及表现生活经验。在文化的较低发展阶段，象征主义通常意味着迂回绕弯和浪费经历，而在高级阶段是方便的，省事的。

在这里人们容易想到国际事务以及党派的政治领域里的外交技巧。当然，正是实际的权力大小之间的关系决定了利益斗争的结果。但是权力的大小已经不再是用直接的身体斗争来度量，而是用概念来表达了。

在每个集权的代表后面，站着的是他所代表的党派的真正力量的浓缩潜在形式，正是与后者的成比例关系中，他的声音才是有效的，他的兴趣才能够获胜。他自身就是这种权力的象征。不同权力团体的代表之间的智力交流象征着可能发生的实际战斗，正是以这种方式，被打败的一方像真的战败了一样接受这次智力较量的结果。

比如，我在此想到，为了避免迫在眉睫的罢工斗争，雇主和雇员之间进行的协商。根据对双方相对力量的估量，在实际战争中将会受影响的地方，每一方都会作出相应的让步。通过想象力的发挥，可以预测最后的结果，从而避免了诉诸实际的最后手段。如果实际力量的表征和度量总是可以通过想象力精确地被计算出来，就可以避免所有的战争。通过将军之间进行国际象棋比赛来决定战争的结果，这种乌托邦式的建议是很荒谬的。因为象棋比赛的结果并不能预示军队之间战争的结果，所以它不可能有效地成为后者的符号和表征。

然而，如果一个战争游戏包含了整个军备力量、所有偶然事件、所有指挥着的智慧，那这种游戏才能成为真正战争的合适的象征性的方式。如果真能发明出这样一种游戏，那也许真的可以消除真正的战争。

在现代生活运作着的多种因素（包括权力、物质和事件）要求综合的符号能够聚合，从而确保这些符号产生的结果与考虑所有细节所产生的结果一样，这样这个结果就可以运用到所有特殊情况里，而且都是有效的。

只要事物之间量的关系是相互独立的，在这种程度上，那上面提到的就有可能发生。表征符号的差异不断发展产生了这样的结果：

“多少”这个问题，在某种程度上，与“什么”这个问题在心理上分离开了，尽管这从逻辑的观点来看多么奇怪。这一现象第一次也是最成功地出现在数字建构里，通过把“很多很多”从“这么多事物”里抽离出来，并使之成为一个独立的概念。这些概念与它们质的内容之间的关系越稳定，其量的关系就会得到越来越多的关注。

最后，知识的理想似乎就是把现实所有质的范畴全部分解成纯粹量的范围。这种对量的具体化和强调方便我们用符号方式对待事物。因为那些内容不同的事物在量上可能相同，其中一个事物的关系、特征以及运动都会为其他的提供一个有效的表征符号。

最简单的例子就是钱币代表了任何事物的数字价值，或者温度计显示了冷热程度。应该通过在量上区分事物从而创造符号，这一观点现在看来似乎是不正自明的；但这其实是人类思维的一个成就，并会产生非凡的效果。货币体系就依赖于此，因为货币是以数的形式来表示纯粹的量，而不管这个有价值事物的所有特定性质。

古俄罗斯的一个事件说明了符号表征从质到量的转变。最初在古代俄罗斯，貂皮是交换的手段。随着贸易的发展，单张兽皮的大小和质量对它们的交换价值失去了意义；每张兽皮简单地等于另外一张，只有兽皮的数量是重要的。到后来只有兽皮的一角被当作货币使用，最后小片的皮革，政府可能还要在上面盖章，作为交换手段开始流通。这清楚地说明了归约为量的观点如何促进价值的符号化，而价值的符号化是货币真正形成的基础。

然而，尽管理想货币与特定价值无关，因此能被普遍接受，与所有价值有着同样的关系，但似乎最初理想的货币并不能满足较高的经济需求。一千年前的非洲大部分地区、早期的印度洋地区以及史前的欧洲使用的是贝壳货币，如果不是贝壳货币这种真正的理想性，它也不会得到广泛传播。

在较低的经济阶段里，截然不同的货币价值形式共同存在；一方面，存在着有具体价值的货币形式，比如牛、棉布，当出现大量货币时，它们还在流通；另一方面，存在着绝对理想的货币，比如贝壳、马可·波罗在中国发现的桑树皮，或者在暹罗流通的刻有中国汉字的瓷片。在自然产品（同时也是出口产品）作为交换手段的地方，有具体价值的货币种类发展了某种功能，这些产品有：弗吉尼亚的可可豆、卡罗林那的大米、纽芬兰的鳕鱼、中国的茶叶和马萨诸塞州的兽皮。在出口产品里，价值没有了在国内使用货币的那种普遍的直接性。

然而，在抽象货币与有内在价值的货币之间最有用的中间物就是珠宝货币，即金或银；这既不像前者那样古怪、不直观，也不像后者那样粗糙和奇特。黄金和白银显然是种货币形式，通过它们货币可以轻而易举成为符号。货币要脱离这种化身才能够起到最大的作用，但在可预见的将来，货币是不可能脱离这副化身的。

与思维幼稚状态的朴素象征主义相比，抽象符号被称作二等符号。二等符号逐渐取代了实际生活里事物的直接物质和价值，这就大大增强了生活行为里智力的重要性。一旦生活不再在特定的感官印象之间游移，而是由抽象的、平均的和摘要式的观点决定，那么特别是在人类关系的范畴里，一种更为迅速和精确的抽象过程就会具有很大的优势。如果官员一出现，就可以维持公共秩序，而在以前却需要体力；如果仅仅一个签名就可以即从外部又从内心无条件地约束我们；如果文明人之间只要一个暗示，或一个面部表情就足够维系一段关系，而在尚不发达的情况下需要冗长的解释和长期的表现；如果祭祀可以通过书面形式实现，而在愚昧的人那里只能通过他们认为真正有用的因素才可以实现；那么，很明显的是，只有人类的智力非常发达，人类有了独立的思维力量，以至于不需要去注意某个现象的特殊细节，唯有如此，符号式的事物和行为才有意义。

我之所以要观察这些现象，是为了可以澄清在文化的这种发展趋势里货币所起的作用。“经济化力量和物质的影响力越来越大”这一原理导致生活经验普遍地带有符号和象征，而这些符号和象征实际上与它们所代表的事物没有关系。价值运作也会有同样的历程。

价值运作过程由一种符号执行，而这个符号与它所在领域的特定现象之间的物质联系越来越少，从而变成了纯粹的符号。这种生活形式不仅预先假设了思维过程的明显扩张（比如，想想用现金储备代替银行券需要多么复杂的心理先决条件），同样预先假设了在文化朝着理智性发展过程中，文化对思维过程的强化以及对其从根本上重新定向。

生活本质上根植于智力，而实际生活把智力当作我们思维力量中最有价值的东西，这一观点与货币经济的发展是齐头并进的，在以后的讨论中我们会慢慢解释。毫无疑问，理智力同样统治着商业领域，特别是金融交易。理智能力和抽象思维的发展就是这个时代的特征，在这个时代里，货币越来越成为一个纯粹的符号，就其内在价值而言，越来越中性。

第二节

货币材料的非货币用途的丧失

我们要记住，到目前为止，我们只是讨论了货币的一种发展趋势，这种趋势始于货币的内在价值与其他价值相互协调。因此，其他观点必然会不赞成明显与我们的理论相符的观点，而我们的理论认为货币没有内在价值，这些观点强调的是货币与其他价值的区别，因此努力确认货币不可能与其他价值是同一类价值。

因为情况经常是这样，所以这些观点是用一种严格的形式及预期的方式去确认那些只能通过无限近似才能确认的东西。在驳斥货币有内在价值这一教条时，我们不能受到货币无价值这一教条的影响。以下的观念会误导我们得出“货币无价值”这一观点。

看起来，为了发挥作为货币的作用，甚至是最有用途的事物都放弃了它的实用性。比如说，在阿比西尼亚[①]，经过特殊切割的岩盐作

① 阿比西尼亚（Abyssinia）：东非小国，富有农产和矿产。

为钱币流通，它们是真正的货币，因为它们并不是作为盐被使用。在索马里兰的海岸地区，长约两厄尔[①]的蓝色棉布，作为货币在流通。比起织法和剪裁都很随意的布片货币，这已经是相当大的一个进步，但是这说明了抛弃布用来制衣的用途的这一倾向。只要黄金和白银被当作货币流通，它们就不可能用来满足技术的和审美的目的，而且对于其他类型的货币来说也是如此。

如果各种货币材质被当作货币使用，它们能满足我们各种需求的用途就必然会丧失。一旦这些材质显出它们的实际的、审美的或者其他价值，它们从流通中退出来，不再是货币了。其他所有货币都可以互相比较和交换，根据它们的实用性，它们就获得了特定的价值，但是货币是完全不属于这个序列的。

因为一旦货币被当作它所购买的价值而使用，它就不再是货币了。可能是因为稀有金属作为货币材质的独特适用性，所以才能够轻易地把这些材质从其他形式转变成货币形式。但是，在任何时候，它们都可以选择做货币还是做珠宝，就是说要么发挥货币的作用要么发挥其实用价值。因为，如果我买一码用来做燃料的木柴，我只是根据它产生的热量来衡量它的实质价值，而不是其他任何用途。然而，现实情况往往非常不一样。如果说货币的价值在于其材质的价值，就意味着货币的价值隐藏在那些非货币的实体的性质和力量里了。

这个明显的矛盾说明了，货币不一定要建立在某种有内在价值的实体上，这里的价值指的是其他方面的价值。如果事物作为货币的作用被转换成任何实体，这个事物的其他性质就变得不重要了。货币必

---

① 厄尔（ell）：英国旧时量布的长度单位，一厄尔等于45英寸。

须具有内在价值，如果放弃那些支持这一理论的价值功能，我们能否证明货币只能是货币，除了货币它别无是处这一结论，还有待察看。

问题的关键在于事物的一种非常重要的特征，即事物有好几种功能，但是只有排除了其他功能的某种功能能够得以实现，而这种实现了的功能，其意义和价值是否因为其他功能的消退而得到扩大。

为了能够理解各种可能性是共同存在的，请容许我首先指出，那些多样的功能是如何影响最后剩下的功能的。如果在道德秩序的世界里，一个后悔不已的罪人所具有的价值比那些从没犯过错正直的人的价值要高，那么对罪人道德优势的评估不是出自现在的情况，而是出自道德行为不一样的前一种情况，出自现在这种情况不再存在这一事实。

因为在目前情况下，根据我们的假设，罪人的道德内容，和正直的人的道德内容是一样的。同样，如果我们的活动受阻，活动方向受到了外在的强迫后，我们又恢复了自由，又能够自我决断了，那么我们的行为就获得了一种特定的幸福感和价值，这种幸福感和价值不是来自它们本身的内容或成功，而是来自我们依赖形式已经消失了这一事实。

如果我们的行为独立又没受到打断，那同样的活动就会缺少吸引力，而仅仅只是生活形式的简单过渡。这种非存在者对存在者的影响似乎具有了一种意义，直接的情感生活对歌词或者音乐艺术也存在这种意义，尽管内容不同，但前者的意义更大更明显。因为即使歌词和音乐根植于内心情感的力量中，但它们作为艺术的特征却要求我们克服这些情感的直接性。尽管情感的原材料及其冲动性、个性限制、失衡的偶然性，是艺术作品的先决条件，但艺术的纯粹性要求我们与这种情感保持距离，或从情感中解放出来。

对艺术家以及欣赏艺术的人，这就是艺术的本质意义，它将我们提升到它与我们以及它与世界关系的直接性之上。艺术的价值取决于我们对这种直接性的克服，这种直接性一直起作用，仿佛艺术不再存在一样。

如果说，艺术作品的魅力毕竟取决于与灵魂的内在感情及原始兴奋的共鸣，那么因此就得承认，艺术的特定元素不在于与情感的直接及审美形式共同的东西，而在于直接形式消失后，审美形式得到的新面目。

最后，让我们考虑下最关键、最一般的例子，因为它深深地根植在我们的基本评价经验里，一般都很少考虑到这个例子。

以我之见，大多数我们所享受的生活经验来自于这个事实：为了这些生活经验，我们放弃了很多其他的享乐机会和其他证明我们自己的方式。人们简单地打过照面后就擦身而过，忽视那些可以与我们礼尚往来的人，这些都说明了一种穷奢极侈，一种对存在性的疏忽。

但正是从这种不愉快的评价经验中，我们得到了一种新的、更为强烈、更为集中的快乐。在众多可能性中这种可能性已经成为现实，这一事实给予这种可能性一种胜利者的姿态，而生活中那些从未尝试过的、被忽视的丰富性就变成了胜利者的侍从。

此外，给了别人的东西之所以具有价值，是因为我们保留了某些东西，或者说因为某些东西别人永远不能得到。对别人热忱的赞助，特别对那些地位较低的人来说，如果做得太过了，如果一点也没有保留，这种赞助就失去了意义。

最重要的是：对于接受者来说，即使你提供了自己的一部分，他还是会觉得你有所保留。最后要说的是：我们自身行为和理解的意义也同样如此。突如其来或者强制性的要求通常会让我们发现，我们有能力和力量去完成以前对我们遥不可及的任务；我们有足够的能量，而如果不是偶然的紧急情况，我们自身爆发出这种能量，它们会一直潜伏在我们体内。

这说明了，除了那些我们实际中用到的能量，每个人体内都沉睡着未知的潜力，所以每个人都可以成为与他现在不一样的人。

生活只允许这些可能性中的非常有限的可能性得以实现，结果，这些可能性就变得更有意义，更为珍贵，因为我们认为它们是从众多可能性中被选中的，还有很多形式还没得到发展，为了实现其他形式它们不得不牺牲。

为了某个特定的成就，牺牲掉了那么多可能的成就，那么就是说，这个特定的成就就是生活能量的精华。通过否定其他能量的发展，它获得了一种特殊的意义，一种独特的、不断积聚的力量，这些又使得它成为我们人格的焦点和代表，使得它能够超越它直接存在的领域。

货币可能归于价值构型的一般类型。我们可以肯定地说：为了货币实体能够成为货币，这种实体的其他价值就必须被抛弃掉；但货币具有的价值，即让货币发挥货币功能的价值，却是由那些必须被遗忘的其他价值所决定的。在我们前面刚讨论过的情况里，得到发展的功能被我们所感知的价值，是由它的积极内容组成的，是通过排除其他功能实现的。

在此，发挥作用的不是那些运作着的功能，而是没有运作的功能。如果一个事物的价值在于其他价值为它作出牺牲这一事实，那么货币材质的价值就是由为了能让它成为货币而放弃其他的作用这一事实。当然，这种评价方式是双向的。

譬如，如果货币材质作为货币的用途被抛弃，就增加了它其他用途的价值。北美洲印第安人的贝壳念珠是由贻贝贝壳制成的，作为货币在使用，但是不能用来做装饰性的腰带。显然这些功能是相互联系的。作为首饰的贝壳价值获得了一种独特性，因为它不能被直接当作货币使用。这种价值的整体性可以被看成是物以稀为贵的例子。这通常意味着被更多人需要、需求量更大的事物通常都是供不应求的。

如果不同的需求可以被同一种事物满足，不管这些需求出现在单独的个体还是几个个体身上，这种情况自然会受到供给限制的影响，这就使得这一事物不可能满足所有的需求。正如谷物的交换价值可以追溯到没有足够的谷物来满足所有饥肠辘辘的人这一事实，所以满足人们对作为货币的材质的需求外，没有足够的材质来满足人们的其他需求，因此货币材质的交换价值就此产生了。

从目前来看，货币材质其他用途的丧失，降低了被用作货币的金属的价值，直到金属变成没有价值的材质。这样看来，材质没被实现的用途反而为货币价值作出了很大的贡献。

对货币仅仅是一种符号的第一个反驳

除了刚才我们否定价值不能是一种价值的辩驳外，还有一个更直接更有说服力的论证。我们想象一下，在一个既定的群体里有一个掌握所有权力的人，他有无限的权力可以支配他想要的东西。例如，大洋洲的酋长，据说他们“不能偷盗”，因为所有一切已经归他们所有。

一个这样的人没有机会获得该群体里的货币，因为在任何情况下他都可以拥有那些钱可以买到的所有东西。如果除了其他价值之外，货币本身还有价值的话，那么这个人就会想得到很多的货币，像他得到其他价值一样。

如果我假设的情况不会发生，我们就可以认为：货币真的只是实际价值的表征，一旦不用货币可以获得实际价值，货币就变得没用了。但是这个简单的想法是以它想证明的结论为前提的，也就是说，货币材质除了作为货币的价值外，自身没有价值。

因为如果货币材质本身有价值，一个有权有势的人就会想要得到它，不是作为货币那样占有它，而是为了占有作为材质的它的其他价值。如果不存在这样一种价值，就不需要证明它的不存在。除开这种情况的逻辑缺陷不说，然而，这种情况却表明了货币拥有一种怎样的特殊价值。货币有作为交换手段的价值；如果没有可交换的物品，货币就没有价值。

因为很明显，货币作为价值储存和转移手段，其作用没它作为交换手段那么重要，却是对货币作为交换手段的一种偏离；没有货币作为交换手段的价值，货币材质的其他价值就不能实现，而货币作为交换手段的作用是独立于它的其他价值之外的。如果一个人用货币买到的物品没有价值，或者如果他不需要货币就可以买到所需的物品，那么对他而言，货币就没有价值。

简而言之，货币就是一种关系的表征和载体，这种关系使得一个人所需的满足取决于他与其他人的相互依赖。如果没有这种相互关系，货币就无用武之地，或者是因为一个人不想要另一个人的任何物品；或者因为这个人住在另一个星球，与其他人没有任何关系，所以他不需要其他人的回报就可以满足自己的需要。以这种方式来看，货币世界就与具体价值世界相关，正如在斯宾诺莎的思想体系里思想（thought）与广延（extension）相关一样：任何一个都不能干涉另一个，因为两者中的任何一个都是通过自身及其语言来表现整个世界。因此，价值总额不是实物价值的总额加上货币价值总额得到的结果；存在着一定量的价值，它既可以通过实物的形式也可以通过货币的形式实现。

如果货币被彻底归约为这种价值，并被剥去了它与其他有价值事物之间的关系，那么在经济领域里，货币就可以成为柏拉图理念理论的特别基础。柏拉图不满足于我们的经验世界，他构想出超时间空间的理念王国，在这个王国里，存在着事物的真实、和谐和绝对的本质。然而，尘世的现实就缺乏真实存在性和意义；但另一方面，理念王国又映射了一些东西到尘世现实上，尘世现实至少有一部分沐浴在绝对王国的光辉里，是绝对王国微弱的影子，尘世现实因此就获得了它本来没有的意义。在价值王国里，也出现并确定了这种关系。

事物的现实性一遇到认知思维就失去了价值，正如在本节开始我们说的那样；事物的现实性以一种不同于价值的方式发展，经常会破坏最高贵的东西，而保存最卑微的东西，因为它并不是按照财富、兴趣或者价值的高低等级来发展的。我们使这种自然的、客观的存在性纳入到价值的等级体系中，按照好与坏、高贵与卑微、珍贵与无用来构建这种存在性。

这种构建方式并不影响存在性的经验现实性，而它却是现实之于我们有意义的源泉；尽管我们意识到其中有人为因素，但我们还是认为，它是纯幻想和主观性的对立面。

事物的价值，包括幸福论的、宗教的以及美学的价值，像柏拉图式的理念，凌驾于世界之上；价值构成了一个王国，这个王国由它自身独立的、不可知的内在规范所统治，但却能赋予现实以解脱和色彩。通过偏离这些原始的、直接可感知的价值，通过衡量事物彼此之间的价值（只要这些事物是可交换的），就产生了经济价值。

然而，在这个领域内，不管经济价值自身由什么组成，它都与个体事物有特定的关系，仿佛它有一般价值。经济价值是组成世界的一部分，在这个世界里，事物按照特定的规范被划分被归类，而这个规范不是这些事物所固有的。

根据经济价值来划分和关联的事物形成了一个世界，这个世界完全有别于由这些事物的自然的、直接现实性形成的世界。如果货币真的只不过是货币以外事物价值的表征，那么货币就可以与理念诸如此类的事物相关（柏拉图认为这些理念同样是本体的、形而上的实体），从而与经验现实相关。货币活动，包括收支平衡、资本积累及资金外流，可以直接表现事物之间的价值关系。

价值世界凌驾于现实世界之上，与现实世界没有直接联系，却又支配着现实世界。

这样一个世界可以用货币的纯粹形式来表现。柏拉图理解现实世界的理念，是从对现实世界的观察和升华中提炼出来的，他认为现实世界是对这些理念的反映。

同样地，具体事物的经济关系、发展阶段和波动都是具体事物自身派生物的派生物，也就是具体事物的货币等价物所有的价值的代表和影子。经济价值于这种情况的适合性，是其他价值所不能比的。宗教价值包含在教士和教堂里；社会道德价值包含在国家的管理者和有形的管理机构里；知识价值包含在逻辑规则里。但是在这些价值里，没有一个像经济价值那样超然于具体事物之外；没有一个是价值的纯抽象载体；也没有一个如此忠实地反映了整个世界的相关价值。

货币正朝一个永远到达不了的目标发展，这个目标就是成为经济价值的纯粹符号。首先，我们清楚地记着，货币与其他有价值的事物属于同一个序列，它的具体材质价值与其他价值相平衡。随着人们对价值交换手段和衡量标准需求的日益增长，货币就更多地从价值等价物之间的联系变成它们的符号，因此就变得越来越独立于它的材质价值之外了。

然而，货币不能抛弃其剩余的材质价值，不是出于某种内在的原因，而是由于经济技术的某种缺点。其中一个缺点就与货币作为交换手段有关。只要有前面我们提到的那些因素，货币的抽象价值就可能取代其内在价值。这些因素就是：在某些条件下，单个商品与经济上有效的商品总量之间的比例关系，等同于一定量的货币与货币总额之间的比例关系。这些分数关系里的分母在实际上而不是观念上有效，因为只有变化着的分子才是决定交易的真正兴趣所在。在这种交易里，商品与货币额之间的直接对等就形成了，虽然与之前的商品与货币材质价值的对等相比，其基础肯定不同。即使发展到了这种程度，从价值的相对总额里得出的因素还是处于波动限制里，而对限制的直觉上的估计又总是不够精确。可能这就是没有商品和货币之间的直接对等关系就不可能进行交易的原因。

货币的材质价值部分为我们提供了必要的支撑和补充，因为我们缺少足够的有关精确比例关系的知识；否则，度量价值与标准之间的对等关系，即货币的内在价值就无关紧要了。只要经验和经济实践表现出比例关系还不精确，那么度量过程就需要一种价值标准和价值本身之间的质的统一性。

也许在这里我们可以举一个贵重金属用于美学用途的对应例子。

在1851年的伦敦博览会上，一位专家记录了英国和印度金银器的不同情况。英国工匠似乎致力于把尽可能多的金银打造成尽可能小的形式。而印度工匠“则用上珐琅、波纹装饰和金银丝编织等方法用尽可能小的金银展现更可能高的技艺”。即使在后面这种情况里，用一小块金属打造的首饰的审美意义，与它是贵重金属不无关系。即使工艺中只用到了很少量的金属，但是为了装饰和审美，这少量的金属必须是贵重金属。货币材质的内在价值不重要，重要的只是工艺品中各部分之间完美关系的载体是贵重金属这一事实。

顺便说下，很明显的是，把货币的材质价值归为对一种不确定关系起着补充说明和支持作用的原则，只不过是对出现在经济事务本身的潜意识过程的一种解释。通过巧妙地安排无数细节的结合，很容易就发生了经济互动，因此我们就有必要设想：如果不是由于人类潜意识的适应能力强，那这些经济互动就是被一个高级思维以超人的智慧整合而成的。

个人有意识的目的和远见并不足以维护经济活动的和谐而不至于陷入的混乱和无用。我们得假设在经济的历史发展过程中存在着无意识的经验和计算的累积及其对发展进程的调整。但是我们应该记住，无意识的观念并不能提供一种满意的解释，却只能助长那些建立在错误基础之上的理解。从特定观念、推理过程等其他因素里，得出了确定的思维和行为。

但是如果这些结果没有预兆地就出现了，我们只会认为预兆是存在的，只不过我们没意识到罢了。

从逻辑的观点来看，这种想法是毫无道理的。不知不觉地，我们把我们没有意识到因果关系这一负面事实变成了存在有无意识的表征这一正面事实。实际上，没有意识先兆就产生了心理作用，我们对这一过程一无所知；而无意识的表征、经验和推论的概念只是说明了这一事实，即实际作用的发生，好像只是有意识的目的和理念的结果。要进行解释，就要调查这些过程，并把这些过程（无意识地）当作产生作用的原因，尽管它们只是事件真实过程的符号。就我们目前的知识状态而言，不可避免地，因而就合理地把价值的构形（包括价值的稳定和波动状态）当作是按照规范和有意识地推理过程而进行的无意识过程。

对货币仅仅是一种符号的第二个反驳

不把货币看作只是一种符号的第二个理由，与货币作为交换过程的一种因素的作用相关。尽管原则上，货币的交换功能可以由代用货币完成，但是人的力量却不足以保证人不滥用这些代币。货币的交换和计算功能显然取决于货币数量的有限性，即人们常说的货币的“稀有性”。

如果人们认为单个商品和商品总量之间的比例关系，以及一定量货币和货币总额之间的比例关系是有效的，那么这个比例关系就不会因为货币数量的任意增加而改变，并保持其制定价格的作用。货币分数会显示出分子和分母的成比例增长，而不会增加货币分数的价值。

然而实际上，如果货币大量地增加，这些分数不会发生成比例的变化。货币分数的分母实际上增加了，但在所有交换交易活动适应新的基础前，分子都不会发生改变。

这样，等于分子绝对大小的价格暂时还不会改变，作为货币总额分数的价格却降低了。货币大量增加后，新货币量的拥有者，首先是政府，比起商品的销售商，占据了一个非常有利的地位。由此就会对交易活动产生最为严重的冲击，特别是政府的税收是用贬值了的货币支付时。只有当新增加的大量的货币已经被政府花掉的时候，货币分数的分母，即商品的价格，才会随着货币供应量的增加成比例增长，这时政府发现自己面临的问题是货币供应量又减少了。

一般地，新一轮的货币发行又不可避免了，这样这个过程就不断地周而复始。我只是把这个作为随意发行纸币造成失败的例子，我们经常讨论到这个问题。如果货币与供给有限的实物之间的联系不紧密的话，发行纸币就成为一种诱惑。一个明显自相矛盾的例子可以清楚地说明这点。

在 16 世纪，一位法国政治家提出建议，说白银不能再作为货币，要用铁铸造钱币，因为从美洲大量进口白银已经使得白银不再具有稀有性。政府铸成钱币的金属才有价值，使用这些金属才能够更好地保证货币数量的有限性，因为如果一个人有白银就表明他自动地有钱币的话，货币供应就会变得没有限制了。

这个独特的建议表明这个政治家已经清楚地认识到，贵重金属并不就是合适的货币材质，而只有当它限定了货币供应量时，它才是合适的货币材质。如果一种金属做不到这点，那么它就会被另一种物质所取代，而这种物质的供应量可以得到有效的控制。人们偏爱把金属作为交换手段，是因为金属的某种功能性特征。如果不管出于任何原因这种金属缺乏这些特征，那么它就会被其他具有这种特征的钱币取代。在1673年的热那亚[①]，由于涌入了不可计数的货币，在这种不利的情况下，人们只得用银行汇票进行交易。现在我们知道只有贵重金属，其实只有黄金，可以保证这种必要的特征，尤其是数量的限定性。只要纸币与由法律或经济规定的金属价值绑定在一起，纸币才会避免由任意的通货膨胀带来的对纸币的滥用。

下面这个例子说明了这种对货币数量的限制是如何有效，甚至在控制个体投机活动方面也很有效。在美国内战时期，南方联邦政府发行的纸币——“美钞”（俗称绿背纸币）在西部各州禁止流通，虽然它们是法定货币，但没人敢用纸币偿还过去的债务（以前的借来的是黄金），即使那意味着他还可以获得150%的利润。

在18世纪，法国政府为了满足税收的紧急需求而发行国库券，情况也同样如此。法律规定，只有25%的债务可以用国库券进行偿还，但是不久国库券的价值就降得很低，只是其名义上的很小一部分。这种情况表明了硬通货的价值在多大程度上是由它自身的交换规则维护的。不仅仅是我举出的这些例子类型里会出现这种情况。

1796—1819年，英格兰银行停止了兑现其汇票，黄金的价值只下降了3%～5%，但结果却是商品价格上升了20%～50%！每当强制兑换率使得流通中只剩下纸币和小额硬币时，只有有迹象表明兑换率长期以内都不会有大规模浮动，并确保严格控制纸币发行时，才能避免重大损失。

黄金的不可或缺的调节功能（先前是白银的），不是由于它的价

---

① 热那亚（Genoa）：位于意大利北部热那亚海湾，该城是利古里亚大区的首府，是一座著名的海港城市，也是意大利的第一大港。

值与它交换来的事物价值之间的对应，而是由于这种金属的稀有，避免了市场上涌入大量的货币，也防止损害一件商品与一定量货币之间对等关系的基础。

这种比例关系的失调可能来自两方面。货币的大量增长在人们中间滋生了悲观情绪和不信任，所以他们不想用货币，而想重新进行物物交换或者使用契据。这种对货币需求量的减少，导致流通中货币价值的进一步下降。负责发行货币的当局试图用进一步增加货币发行量来阻止货币价值的下降，导致供应与需求进一步分离，而我们之前提过的供求之间的相互作用则会导致货币价值的不断下降。

这种对政府铸造的货币的不信任——与对硬通货的信任形成对比——可能会形成这样一种形式，如同罗马共和国后期时，硬币只在零售业里流通，而大规模的交易则是用靠重量计算的货币支付的。据说只有在这种形式下，交易才可以受到保护，而不会受政治危机、党派利益以及政府干预的影响。

货币的供应

从前面看来似乎货币数量无限制增长带来的不便，不能全部归于货币的这种增加本身，而要归因于货币的分配方式。动荡、过度增加或者停滞不前的出现，只是因为新增加的货币最初是出自一只手，又从这只手里不均匀地、不恰当地分散出去。这种情况可以避免，只要能够找出一种平均分配货币的方法，或者能用某种平等原则分配货币。

因此，就有人说，如果每个英国人突然发现他口袋里的钱是以前的两倍，所有的物价都会相应地上升，所以没人会得到任何好处。唯一的不同在于英镑、先令和便士会以更大的数量流通。这种说法不仅否定了代用货币的客观性，而且还说明了货币数量增加的好处，那就是根据一般经验，更多的货币就意味着更多的交易，更大的福利、权力和更先进的文化。

这种假设建立在不可能实现的先决条件之上，对它的讨论不会得到很多的结果，但是却可以让我们更好地理解实际情况，正是实际情况逐渐消除货币可能的内在价值。

我们来假设一种理想情况，在这种情况下，货币数量的增加使得每个个体所拥有的钱也同样地增加，那么就有可能得出两个结论，一个是因为所有的物价都会上涨，所以什么都不会变；另一个是货币数量的增加会刺激贸易并扩大贸易，而这两个结论是相互矛盾的。

这会诱导人认为，在这种情况下，个体之间的关系，即或高或低的相对社会地位，会保持不变，而客观文化商品总量却会增加。绝对意义上的生活内容和享受在一般和每个个体两方面都会增加，而不需要改变人们贫富状况的相对关系，这种关系是相互制约的。

需要指出的是，在现代，即使不改变贫富的相对状态，穷人也可以得到许多的商业文化产品，比如公共娱乐、教育机会、生存手段等等，在以前即使是富人也享受不到这些。货币数量的增加及平均分配货币，会扩大绝对意义上的客观文化以及个体生活的文化内容，而个体之间的关系保持不变，这种可能性还有待审查。

然而进一步观察，似乎只有不平均分配增加的货币供应才会真正成功，至少在第一个例子里是这样。货币具有社会性，如果把它控制在一个个体手里，它就完全没意义了。

货币只要改变个体之间的关系，就可以改变社会的普遍关系。货币过剩导致商业的活力增加和集中可以追溯到这个事实，即货币过剩时，对货币的需求也同时增加。

人们想从其他人身上得到尽可能多的货币，尽管这个希望常常存在，但是只有在个体意识到他拥有的钱比别人少时，这个愿望才会变得急切，才会使他变得非常努力、非常勤勉。这就是“商业就是赚别人的钱”（Les affaires—c’est L’argent des autres）这句话的意义。

如果上述理论的先决条件是正确的，也就是说货币数量的增加，不会改变人与人的关系，以及商品价格的相对关系，那么人们就会失去工作动力。

此外，货币数量神奇地翻了一番，同样也会影响到个体的关系，因为个体经济状况的起点不一样。例如，一千马克、一万马克和十万马克，如果这三种收入都翻一番，这些收入的所有者之间的关系就会产生变化，因为第二个一千马克和一万马克买到的物品就不仅仅是第一个一千马克和一万马克等翻了一番。

在第一种收入的情况里，也许会增加营养；在第二种收入里，也许会得到艺术文化的陶冶；而在第三种收入里，也许会进行更大的金融投机活动。如果我们假设个体之间存在着绝对的平等，那么他们生活的主观或者客观方面都不会改变，因为如果后者改变，也会是以一种不可预见的方式发生的。只有个人收入的差异变得比以前重要，或他们觉得比以前重要了，他们才会表现出工作上的努力。

与我们的目的更相关的是那些有关这个理论实际应用的想法：所有货币收入的翻倍不会改变任何东西，因为所有商品价格同时都会翻倍。这种推理是错误的，因为它忽略了货币的一个特定的、决定性的特征，可以被称为相对僵化性。僵化性就是源于这一事实，额外货币数量在既定的经济领域里的分配，不会相应地提高所有的物价，只会创造一种新的价格关系，这一价值关系并不是个人兴趣力量的必要结果。僵化性又是这一事实的结果，尽管商品的货币价值是相对的，而且与商品没有内在联系，但是它却有某种稳定性，似乎是客观上充足的等价物。

如果商品的价格在确定的界限内是稳定的，那么它不会经常因为货币价值改变就毫无阻碍地发生改变。商品与其价格之间的联系，既是概念上的也是利益上的联系，在心理上变得如此固定，以至于卖家没做好降价的准备，买家也没做好价格上涨的准备。

如果货币价值和商品之间的平衡是理所当然的，像温度计一样，由不受限制的机制实现，这种机制即温度计的汞柱根据温度的高低而升降，不会受到运动阻力变化而造成的必要的干扰。

如果一个人短时期内口袋里的钱突然翻了一倍，他肯定不愿意马上用双倍的钱买东西。或者可能因为新富人的虚荣心，他用先前的标准计算新有的财富，也就根本不在乎商品的价格。

然而，不管是愿意多付还是不愿意按照新价格付，这两种心态都表明，在货币增多的初级阶段，相应地调整价格是不可能的。而且商品和传统价格范围之间固有的联系会产生一种持续不断的干扰影响。

此外，随着货币数量的增减，对商品的需求量也会改变，即使这种情况同样影响每一个人。比如说，如果货币数量减少，销售量足够稳定的商品可能还可以以半价售出，其销售量可能和以前一样，甚至更多；但是一旦货币数量减少到一定限度，商品也许根本就卖不出去了。

另一方面，在货币供应的一般增长情况下，对那些大众都想要的商品的需求量会增加，譬如那些稍微超出其目前生活水平的商品。对那些基本消费品的需求增加的幅度不会太大，因为这些商品只要有一定量就够了，而那些满足人们高雅教养需求的、只对社会小圈子有意义的商品，对其的需求也不会增加。价格上涨主要会影响处于两个极端之间的商品，而正处于这两个极端之上的商品价格则会保持相对稳定。货币供应量的增加对所有价格有着同样的影响，这一点毫无疑问。

一般说来，认为价格的相对性使得货币的绝对数量无关紧要，这一理论是错误的，因为在实际过程中，价格的相对性不断受心理因素的影响，而这种心理因素使得某种商品的价格变得固定和绝对。

人们会怀疑，货币供应量的无限量增长，只在两种不同价格水平的调整过渡阶段才有可能。他们预先假设整个过程从商品数量与货币数额之间的比例关系演变出来。因此就一定可以在另一个不同的层面上建立这一比例关系，那么像消除之前的波动一样，未来可能的波动也有可能被消除。

上面这个怀疑指的只是变化阶段，而不是指变化已经完成的时期，后者不对过渡时期的调节不良、错位和困难负责。我们不可能想出这样一种交换手段，它最终不会强行调节价格，使得商品的货币价值表示的是商品的价值和总商品价值之间的比例关系；而且货币数量的任意增加，也不能永远地瓦解这种比例关系。这种推理是完全正确的，但是它没能够证明，去除所有限制货币供应量增加的因素是有可能的。过渡期的不稳定性和困难一旦被承认，就会成为一种永久的情况，而货币数量原则上可以达到的状态就永远不会达到了。

现实和纯粹的概念

以上论述可以概括如下。只有当货币不仅仅是一种货币，即它不仅仅以纯抽象的形式表现事物价值时，它才能更好地行使其职能。贵重金属无论是作为首饰还是为了表现技艺的目的，都是有价值的。但是在观念上我们应该把这看作与次要事实区分开来的首要事实，首要事实就是在首要事突基础之上所具有的价值，而首要事实是货币具有价值之首要的、唯一的特质。技术上我们不可能把观念上正确的东西变为现实，也就是说，不可能把货币功能转换成纯粹的代用货币，并使它彻底摆脱限制货币数量的货币材质价值，即便货币的实际发展过程表明这将是最终结果。这并不是一种自相矛盾。事物的许多过程也呈现出同样的方式。

过程不断地靠近一个明确的目标，正是通过这个目标，这一过程的进程被明确地定下来。然而等这一过程真的达到这个目标时，这一过程就会失去那些引导它达到目标的特质。货币经济的某个显著特征的一个现象，可能会表现出这一点，同时它出现的结果，可能与个体情况里无限制供应货币造成的结果相类似。个体不断努力挣更多的钱，具有相当大的社会经济学意义。

通过寻求最大可能的利益，股票经纪人为经济交易注入了活力，调整了供求关系，并将无用价值带入了经济流通里。然而，通常只有当兑换率浮动比较大，并有大量纯投机性因素存在时，股票交易才会有较高的收益。在这种情况下，商品的生产与消费——社会的最终利益之所在——在某一领域受到大量的刺激，而在另一领域却受到忽略，并且无论如何它都会偏离它本来的发展进程，由它的特定内在情况和实际需要所决定的发展进程。

这里，货币的特性就成了个人利益与社会利益发生分歧的基础，而原本这两者是完全一致的。只有当物品的价值从自身中分离出来，并以独特的材质形式获得了独立存在性，货币才有可能发展自己的兴趣、运动和规范，而这些兴趣、运动和规范偶尔会与货币所象征的事物的兴趣、运动和规范相对立。只要与货币相联系的私人企业不断努力，其活动就会促进商品生产和消费的社会利益，尽管其最终目的的实现会损害社会的目标。

这种情况最多、最关键性地发生在下面一些个案里：情感冲动努力为一个终极目标而奋斗，却没有意识到所有预期的满足都是相关各方面进步的结果，而当终极目标达到后，所有预期的满足可能会变成不满足。我想提醒你们注意这些现象：爱，人们对最亲密、最恒久的统一性的渴望，就使爱变得丰富多彩，但通常情况却是人们得到爱以后，爱变得贫乏无味；政治理想，它可以为整代人提供生活的力量和精神热情，但是一旦被实现，它就再也不能产生理想的情况，反而是实用的唯物主义、麻木迟钝和庸碌无为；还有人们对平和安宁的生活的向往，人们通常未知而努力奋斗、卖力工作，但是通常当人们过上了这种生活时，却发现生活变得无聊，还是没有得到内心的满足。下面这一说法早已是一种陈词滥调了。即使是幸福，我们为之努力的目标，一旦作为一种外在状态被实现，它就会变成纯粹的负担。

尽管我们的意志驱使着我们向这个方向前进，但是目标的到达却与我们的努力相抵触，而只有我们竭力想避免的那种痛苦感才能赋予我们对幸福的追求以意义。可以用这种说法总结上述这一类型的过程，即生活的某些也许是全部的因素作用的发挥都取决于它们与对立因素的并存。一种因素与其对立面合并合作的比例本来是个变数，有时一个因素稳定地增长而另一个却下降，所以事物发展的趋势看起来就是一种因素最终代替另一种。但是一旦这种情况发生，另一种因素的所有迹象都会消失，而第一种因素的意义和效用也会相应地瘫痪。

比如，个人主义和社会主义的对立也出现这种情况。有几个时期是社会主义决定着社会的历史发展进程，不仅在现实里如此，逻辑推断也会如此，从对努力趋向完美的社会概念的信念以及表现里可以推断出来。

但是如果在这样的党派政治时期，可以得出结论，因为所有的进步都依赖着社会主义因素的前进，它们的胜利会产生事物最先进、最理想的状态，这样就会忽略这样一个事实，整个社会主义措施的成功根植于引入了个人主义经济系统的社会环境。

社会主义措施的相对增长所产生的进步，也不能证明彻底执行社会主义措施会代表继续进步。由个人主义决定社会历史发展进程的时期，情况也会同样如此。

个人主义措施的意义依赖于集权的社会主义体系将继续存在这一事实。这个意义可能会逐渐消失，但是这种意义的彻底消失将会导致不可预期的结果，与之前个人主义所产生的结果完全不一样。在艺术领域，自然主义和手法主义①这两种对立的倾向，也显示出同样的模式。在艺术发展的每个特定阶段，都存在着现实的简单写实与主观的

① 手法主义（Mannerism）：盛行于1520—1590年间的手法主义（Mannerism），“追随文艺复兴盛期大师的风格”。手法主义画家并不关心作品内容的表达，而对形式因素投以极大的热情。

变形的混合。

从现实主义的角度来看，通过客观因素的发展，艺术更臻于完美。但当这成为艺术作品的唯一内容时，人们对现实主义不断增长的兴趣就会突然中断，因为艺术作品与现实再无区别，作为单独的事物，它没有任何意义。

另一方面，尽管强调普遍性和理想性因素可以暂时使艺术更为高雅，但是它必定会达到一定程度。在这个程度上，由于消除了所有个人主义偶然性，艺术与现实的关系完全消失了，而这一关系本该由理想主义运动以一种更为纯粹、更完美的方式呈现出来。

简而言之，很多重要的过程都遵循着这一模式：一种因素重要性的不断增加会带来更大的成功，但是这一因素的唯我独尊独自称霸，以及其对立因素的彻底消失不会取得全部的成功；相反，这一倾向会剥离原始要素的特质。货币的内在价值与其纯粹功能性的符号性的本质之间的关系也以类似的形式发展：后者逐渐取代前者，但是必须保留前者的某些措施，因为如果这一倾向发展到极端时，货币的功能性和符号性特征会失去其基础和意义。

我们这里所讨论的不仅是一种形式上的类比，而且也是生活深层意义的统一性，它是通过这种外在的相似性而表现出来的。实际上，只有在任何情况任何时候，我们都允许由统一性和一边倒的原则管理我们的行为，我们才能应对生活中的各种因素和倾向。

但是这样一来，现实的多样性就会再三指出我们的差错，把我们的主观努力联通其他与它对立的因素变为一种经验性的存在，这种存在性允许理想进入现实。这并不是对理想的否定。生活适应了这种绝对努力，并把这种努力当作自己的组成部分，正如现实世界适应了运动，如果运动不受阻碍的话，将会产生难以想象的后果，但是运动作为它与其对立因素相互作用的结果，会形成自然事件的有序世界。

我们的意志专注于永恒，只有当意志被歪曲被否定时，意志才接触现实世界，如果现实世界是以这种方式形成的，那么实际生活的结构就已经预先确定了理论结构。

在很多情况下，我们关于事物的观念非常纯粹非常绝对，以至于这些观念根本没有反映经验，只有通过对立观念的限制和修改，这些观念才具有经验形式。

然而，这些观念不会因为这点就变得一无是处，正是因为这种夸张的过程（随着这个过程而来的是退回到观念和准则的构型中去），才会出现与我们的想法一致的世界观。我们通过一种公式与事物的统一性相连，我们不能通过对这个公式进行补充和复制而直接理解它，这个公式在实际中和理论上都是过多、过高、过于纯粹的主要东西。只有通过抑制对立，它才能获得现实与真理范围的统一。

因此，作为事物之间彼此衡量价值的标准，货币的纯粹概念，即货币没有自身的内在价值的纯粹概念，是完全恰当的。尽管在历史现实里，这种概念经常遭到对立概念（即货币具有内在价值这一概念）的贬损和限制。我们的智力只有通过纯粹概念的修正才能够把握现实，不管这些纯粹概念如何偏离现实，在被用来阐释现实时，它们就具有了合理性。

第三节

货币从物质到功能的历史发展

现在，我们要考虑的是我们这种理论构建在历史上的表现。货币在朝着纯粹概念的方向发展，并渐渐脱离了对特定物质的依附。尽管这个发展过程最终并不能达到其预定的目标，但它体现出了货币本质与其意义上的巨大分化。也就是说，货币卷入了一种普遍的发展过程，在生活各个领域、在各个意义层面上，这个过程都试图将物质分化成自由流动的过程。一方面，货币组成了这个全面发展过程的一部分；另一方面，就如象征着货币的那些具体价值一样，货币与这些具体价值之间还存在着特殊联系。此外，货币受到广泛的文化发展趋势的影响，同时，货币又是导致这个发展趋势的独立因素。货币形式由人类社会的条件与需求所决定，我们对这种相互制约的关系感兴趣。尽管这个过程从未达到其目标，但我还是要考察货币作为功能或符号日益增长的重要性，它已经遮蔽了货币作为物质的意义。

严格说来，货币的物质性价值同样也是一种功能价值。因此，更进一步来说，作为物质的货币概念的消解并不如最初看起来那么极端。如果单纯是作为一种物质的话，贵重金属不管受到人们多大程度的赏识，都只是因为它们本身独具特色、具有装饰功能、技术上可用并可提供美感。换句话说，就是因为它们具有实际功能。它们的价值并不在于其自主存在性，而在于其自身功能。如果没有自身功能，它们的物质性就和其他任何一种现实事物的物质性一样，与我们丝毫无关。

可以说，绝大多数的事物自身并没有价值，而是后来变得有价值了；为了变得有价值，它们就得不断显示出超越自身的品质，与其他物品产生相互作用。我们对价值的感受与判断受到物品所产生效果的限制。

对于贵重金属，如果我们抛开所有对其已有的认知和欣赏，认为仅仅是它的存在就丰富了我们的世界，然后赋予它某种特别的美感，它还是不能通过这种价值进入经济体系。

在经济体系中，所有物品的价值都与其功能密切相关。如果说贵重金属所具有的物质性价值不同于他们作为金属的物质性价值，这是随意且不负责任的，因为这种说法掩饰了实际情况。除了货币功能价值外，贵重金属作为物质所具有的任何方面的价值都是功能性价值。所有的功能加在一起，形成了一个序列，也就是一个功能序列。

这听起来不好理解，而这些功能在现实中更加不明显。人们对在中世纪时期获取利益持有怀疑，都源于这样一个事实：当时的货币似乎是——事实上也是——更为稳定、更有实质、更赤裸裸地与其他物品相对立；相比而言，现代的货币则充满活力、丰富多彩且灵活多变。

中世纪文化盛行一些这样的教条，如：亚里士多德有所谓“钱生钱，不正常”的教条；人们普遍认为借贷的货币应该等同于偿还的货币，如果因贷出金钱而获取利润，就是盗窃，就该受到谴责；哈勒的亚历山大[①]的论据支持所谓“货币不因使用而损耗，因此贷出金钱不像出租房屋，不该获利”的观点；阿奎那[②]也认为货币的唯一作用就是用来花销，在这里，“使用”和“花销”已经等同了起来，因此，与对房屋的使用不同，对货币的使用是不能分开出售的。

所有这些教条都说明，在中世纪，货币多么不灵活，它与我们的生活起伏多么没有联系，而它作为生产力又多么不受重视。就这样，货币作用的实际不重要性就掩盖了其功能特征。另外，具有与这种对待货币的基本感情相同的是，把货币视为一种金属物的观点。与中世纪时的观点一样，这观点把货币当作一件物质本身，并将其与经济物品的流通对立起来；它没有把货币带入流通领域，而认为不管货币代表了什么，货币只是一种功能，其本身并不具有功能。

与中世纪对货币的观点截然对立的是现在的信用经济体系。在这种信用经济体系下，人们把汇票当作货币使用。中世纪时期的主导思想是货币的物质性，而不是其效用性。尽管这种效用性不能被完全消除，但事实上已经减少到最低程度。反之，现代货币概念则建立于金属上，它的关键点就是物质的运作。最终，信贷经济体系中将存在这样一种趋势，那就是，货币的物质性渐渐完全消失，其效用性取而代之成为唯一重要的因素。

---

① Alexander of Hales，1186—1245，英国经院哲学家。

② St. Thomas Aquinas，1224—1274，意大利神学家和经院哲学家，中世纪经院哲学集大成者。

这种肤浅的看法还得归因为早期的思想框架，该思想框架区分了所有现象中的实体与偶性（substance and accident）。当然，这种区分具有重大的历史意义：把所有的现象都分为物质性的核心及相对的、可变的表象和特质，这是首要的定位，也是一条引导线，它贯穿了事物的神秘无形，赋予它们结构，并将它们归到一般性的范畴，使之能为我们所感知。这样，最初单纯的感觉上的差异被组织起来，变得井然有序，并且彼此相互制约。但是，如此这般的这个结构也就和社会组织一样，它的本质似乎就变得永恒了，因而也就被宣称成永恒的了。

正如摧毁一种社会秩序而肯定另一种社会秩序的过程一样，智识领域里的重构也会给人们带来这样一种印象：所有秩序和规则都被抛弃了，也就是说，当人们形成的并赖以生存的整个世界观的支柱被抛弃的时候，他们觉得整个世界的客观稳定性与主观上对现实的所有理解似乎都被摧毁了。但是，正如光、热与生命都很难保持其特殊物质性的特质，或者很难抗拒其自身消解成为运动的各种形式一样，货币的价值会不可抗拒被归为功能性价值。

社会互动及其在各个结构上的结晶

现在我将要考察经济活动特定的结构关系。下面给出的从普通观察中得出反面例子或许可以说明，货币作为货币真正形式的功能，究竟在多大程度取决于这种结构关系，而非货币的物质性。

我们能够注意到，在两个人的关系中，那种外在的表现形式很难恰当地表达其内在的强度。这种表达的不恰当性源于这样一个事实：内在关系在持续发展，而外在关系却时断时续。即使这二者在任何一个特定的时间点上保持了一致，后者总是仍在其传统的形式中保持原来的状态，而前者则在不断变化着。

在某个特定点上，外在关系有了突然发展，但是这个发展通常不会停留在与内在关系相对应的某个点上，而是期待更大程度上的契合，这才是外在关系发展的特点。比如说，称呼朋友用亲密形式——“你（du）”——是对存在了很长时间的温情的最终表达，但如果是初次使用，感觉起来仍有夸张成分，这种称呼在突然间为二人产生了一种外在的接近，而与这种接近相对应的二人内在的实际亲密程度总会姗姗来迟，或许有时根本就不会出现。

外在形式有时过早地走到了内在关系的前头，尽管在一定程度上这并没有问题，一旦超过这个程度，它就会导致人际关系的破裂。

我们也可以在一些非个人领域中发现对应的现象。在某种法律体系、交换模式或者政府条款中寻求表达的社会力量，通常都会遭遇失败，因为这些领域中的传统形式很容易变得顽固不化。

然而，如果我们所期待的那种外在变化还是发生了，那通常只是意味着它已经超越了内在力量的准备状态，而这些内在力量的附随合法性却不是总能获得成功。

在某些例子中，货币经济就是以这种方式引进的。当总体经济状况都已经朝着反向发展了很长一段时间，其外在形式就会表现为一种强有力的现象，似乎总体经济状况已经不能适应它的发展了。

这时，如果内在经济力量的增长赶不上预期的外在形式的发展需要，新的体制就会遭遇悲剧性的命运。这就是富格尔家族[①]——即德国南部所有大银行家们——所遭遇的倒霉情况。他们的经营运作可以与现代世界银行家们媲美，只是赶上了这么一个时代——金融运作已超越了中世纪的以物易物的经济模式，却尚未能抛弃在这种经济模式下所不可或缺的那些交易、担保或者商业实践。总体状况并不像在西班牙，或者是从别的主人的领地那里收债那么简单。

这种新的货币经济形式误导了安东·富格尔，使他将这种经济扩展到超出了当时欧洲实际状况所能允许的最大程度。由于同样的原因，这些金融实业巨头的日子都不好过。

发生在16世纪西班牙的金融危机就源于这么一个事实：尽管在西班牙通常不缺货币，当时的尼德兰[②]却很缺货币，而那里恰恰是最需要货币的地方。这样导致的结果是困难、耽搁与损失接踵而至，造成西班牙金融系统的崩溃。

在其他地方，货币在当地的条件下以一种截然不同的方式发挥着作用。在与西班牙的战争中，尼德兰占了大便宜，因为他们的货币随处都可以使用。在荷兰人手里，钱才是真的“钱”，因为它可以畅通无阻地使用，尽管从货币的物质形式上看，荷兰人所拥有的钱要比西班牙人少得多，因为西班牙人的经济生活建立在信贷的基础上。一个地方的条件越有利，货币的功能就越不以其物质形式发挥作用。货币

---

① 富格尔家族（The Fuggers）：德意志实业家族，由Hans Fugger起家，后来发展成为15—16世纪欧洲贸易、采矿与银行业康采恩（Konzern），在其子Jacob Fugger与其孙Anton Fugger的经营下达到鼎盛，在17世纪中叶，伴随着王朝三十年战争，福格尔家族逐渐衰落。

② 尼德兰（Netherlands）：16世纪前的莱茵河、马斯河、斯凯尔特河下游以及北海沿岸一带，约为现在荷兰、比利时以及法国东北部一带。

的本质意义表现越多，人们就越不会需要物质意义上的货币。

除了地区状况的影响之外，社会互动的稳定性与可靠性——也就是经济活动的持续性——为货币物质意义的消解提供了基础。

这点可以通过下面这个事实来说明：货币带来持续增多的效果，而其自身却没有变化。有一种说法认为，货币在经济上的意义单纯源于其自身的价值，和在特定时刻其流通的频率。事实上，通过人们在经济活动中对货币所存的希望和恐惧、欲望和焦虑的心理，货币产生了强有力的效果，而上面那种说法忽略了这一点。正如天堂和地狱能辐射出具有重要经济意义的情绪，人们的这些心理现象也一样辐射出了这些情绪，只不过纯粹是观念上的。

在某个特定的时刻，有钱或缺钱的观念会使人奋发或者让人麻痹；作为纸币价值保障的那些被搁在银行金库里的黄金储备清楚地表明：单是货币的心理符号就能发挥足够作用了。

在这个例子中，货币确实可以被描述成所谓“静止的原动者”[①]。显然，仅仅作为一种潜在的货币，要发挥作用还有赖于经济组织的精密和稳定状态。只要社会关系显得松散、不连贯或者滞后，销售活动就只能依赖于现金才能进行，而静止的货币也就无法利用原本可以使其发挥作用的各种心理渠道了。

在这里，我们应该考虑到借来的钱所扮演的双重角色：一是作为有息债务，同时又被理想化了的货币的重要形式；二是掌握在债务人手里的现实货币。从债权方来看，作为一种所有物，借出的钱应该是债权人财产的一部分，尽管这些钱不能即刻使用，它们仍然在发挥着

① Unmoved mover，语出亚里士多德。

作用；从债务方来看，尽管所借的钱并不是债务人财产的一部分，却仍能像其本人的财产一样发挥作用。

借贷行为本身就分成了两部分，它大大地增加了经济能量所产生的效用。这个过程依赖于一种理智的抽象，而这种抽象只能在一个稳定、文明的社会秩序中才能发挥作用，因为只有在这种社会秩序中，借钱才能有相对的保障，把经济活动建立在货币的这一部分功能上也才相对有保障。

货币要发挥效用，社会关系就必须具有一定的综合性和强度，否则货币与其他的交换物也就没有了本质上的区别。而要将货币的效用进一步理智化，社会关系也必须进一步强化。这种显著的现象清楚地表明，货币的内在本质与其物质基础的关系并不那么紧密。货币完全是一种社会学现象，是人类交往的一种形式。因此，社会关系越集中、越可靠、越和谐，货币的这种特性也就越为突出。

的确，文化交流总体上的稳定性与可靠性影响到货币外在的方方面面。只有在一个稳定的、组织严密的社会中，一个在面对各种各样危险时双方的关系还能得到保护与保障的社会中，拥有这种脆弱、易损材质的纸币才有可能成为在客观外在与主观心理的双重层面上的最高货币价值的表征符号。中世纪时期的一大特点就是，人们经常使用皮革作为货币。

如果说纸币的出现意味着货币价值已逐渐消解成为功能性价值的话，那么，皮革货币的出现或许可以被看作这个消解过程的第一步。物质性货币具有一些标志性的特质，皮革货币还保留了相对难以破坏的特质。只有当个体与社会关系之间的结构发展到较高级阶段时，货币才不再需要这种特质。

货币政策

货币政策的理论与实践都肯定了货币从物质性货币发展到功能性货币的整个过程，以及功能性货币对社会学条件的依赖性。中世纪的财政主义和重商主义可被视为唯物主义的货币政策。正如唯物主义将精神现象和精神价值都融入到物质中一样，财政主义与重商主义也将社会政治生活的本质和力量与货币的材质联系在了一起，而财政主义与重商主义之间的差别也正如粗糙形式唯物主义与精致形式唯物主义之间的差别一样。

粗糙形式唯物主义认为，认识本身是一种物质过程，大脑产生思想的过程与肝脏分泌胆汁的过程是一样的。精致形式唯物主义却认为，认识本身并不是物质性的，它只是物质运动的一种形式，思想由物质成分的一种特殊振荡组成，就像光、热和电产生的特殊振荡一样。

与这两种智识观之间的差别一样，财政主义者认为，政府的兴趣是要获取尽可能多的金钱，能让贵族直接用来服务于政府；重商主义者则不一样，他们并不注重积聚金钱，而是要尽可能地刺激经济活动。

在货币政策的这些唯物主义倾向中，仍然与这样一种观点密切关联：货币的材质决定了其价值。然而，从将货币的材质视为一种客观物质到认为其具有功能意义，这种观念上的转变已经清晰可辨。

而在上述的货币政策的那些时期，政治体制与当时人们对货币的这种观念是相符的。在中世纪，财政体制占主体的地方，贵族与其国家只存在一种外在的，而非有机的关系。这种关系通常是通过联姻或者征服建立起来的，它总表现出贵族都想方设法从国家攫取更多的金钱，而为了金钱而频频出售领土的现象也就成了贵族这种观念的逻辑结论。统治者和被统治者只存在单纯的货币关系，这表明他们之间缺乏一切其他关系。在这种社会学关系中，中世纪统治者让货币不断贬值，而这也不失为一种必要而适当的手段，因为要想让一方完全受益而让另一方承担所有损失，那些方式只有在缺乏有机社会关系的条件下才可能存在。

对现金的热爱似乎是东方民族的天性，而这种热爱却可以在其统治者财政政策那里找到根源：这些统治者使用特权铸造货币以增加税收，却丝毫不顾及货币会贬值。这种政策必然会导致其臣民以黄金与白银的形式积累金钱。在中央集权独裁统治下，不同的政治因素之间的联系更为紧密、更为活跃；而关于有机整体的观念则为贵族的理想提供了一个共同的基础，即从“朕即国家”的观念到认为国王是人民的第一公仆的观念的转变。

尽管这时，政府的兴趣仍然是进口大量的货币材质（如金条），国家首脑与国家成员之间的强烈互动却变得更为密切，政治生活的这种勃勃生气通过以下这个事实得到了反映：获取货币的最终目的不再仅仅是为了拥有它，而是希望通过货币来扶植工业，促进工业的发展。当货币的这种自由趋势也使得人们的政治生活更为自由的时候，货币就拥有了一种无拘无束的灵活性，其物质价值与功能价值的对等性也就显得不再那么重要，这也就为亚当·斯密的这个理论做好了物质上的铺垫：黄金和白银仅仅是手段而已，他们与厨房用品毫无二致；正如仅增加厨房用具并不能做出更多的食物，单纯进口黄金白银也并不能增加国家的财富。

当传统观念所加在货币材质上的条条框框被打破，要想使得这种无政府式的观念更为深入，这种新的货币理论就会不出所料走向另一个极端。普鲁东[①]主张废除所有已建立的国家形式，认为只有个体之间的自由的、直接的互动才是合理的社会生活方式。他抨击对货币的普遍使用，认为这无异于政府对个人施加权威的各种形式：政府吸纳了个体之间活跃的互动，又将这种交易限定在其自身之内。价值的交换可性应该不需要货币作为媒介而得到组织，正如社会的管理应该不需要国王的干预而由所有公民完成。正如每位公民都有投票权，每种商品也都应该直接表现其价值，而不需要货币作为媒介。

这种货币理论的发展趋势的具有超验主义的特点，与唯物主义理论形成鲜明对比。这种发展趋势可以追溯到亚当·斯密的理论。唯物主义认为意识就是物质，超验主义哲学却宣称物质本身就是意识。这并非是在唯灵论的意义上把意识当作实体和一种自主性的存在（尽管这种存在是非物质性的），而是说任何对象，不管是肉体的还是精神的，只有在其可以通过精神活动过程才能认识这一点上，我们才认为它是存在的。或者更确切地说，我们认为它是存在的只是因为它是意识的一种功能。

如果说现在看来，唯物主义对货币的解释是错误的，那么历史的分析则表明：这种错误的出现并非偶然现象，它是对当时实际的社会学状况的一种恰当的理论表述；而在超验主义的货币理论取代它之前，必须先有推翻这种唯物主义的货币理论的现实力量。

---

① 普鲁东（Pierre Joseph Proudhon，1809—1865）：法国经济学家，社会主义者，无政府主义的创始人之一。

社会互动与交换关系：货币的功能

货币的社会学特征的出现还有更进一步的语境。个体之间的互动是所有社会结构的出发点，尽管人们对社会生活的真实历史的起源还不很清楚，但不管其起源究竟是什么样，要分析一个系统的起源，我们必须要从这种最简单、最直接的关系开始，直至今天，这种关系也仍然是众多新的社会结构形成的源泉。

个体间的互动关系不断发展，个体互动作用的直接性渐渐消失，从而出现了一种超越这种个体的、更高层面的结构形式；这种结构以直接代表着个体交易的形式出现，逐渐吸收并调和了个体之间的直接关系。

这些结构形式存在着多种多样的形式，呈现可感知的现实，或者是纯粹的观念、想象的结果，也可以是复杂的组织，或者是个体性的存在。通过这种方式，从实践和需要中就产生了习俗中的客观规则、法律条文与道德标准。这种实践与需要最初也是偶然在群体成员的关系中产生，并最终固定下来的。它们是人类观念与价值判断的理想化产物，而如今在我们心中，作为“纯粹的形式”它们已经超越了个体的意志与行为。伴随着这个过程的持续推进，国家的法律渐渐体现在了法官与整个行政管理等级体系中。一个政党所凝聚的所有权力也渐渐全部由执行委员会及其议会代表所掌握。军团的统一也具体体现在旗帜上；神秘团体的力量还依赖于其圣物的象征力量，等等。

原始要素之间的互动曾经形成了社会上的单位，现在却面临着被取代的命运：每一个要素都将与一个更高级的机构，或者是一个中介机构建立起独立的关系。货币就是这种具体化社会功能的一种范畴。作为个体间直接的交流，交换功能作为一种独立结构在货币的这种形式得到了体现。交换劳动产品，或者交换其他任何财产，这些显然都是人类社会化过程中最纯粹、最原始的形式之一。这种说法并不是说“社会”已经存在且带来了交换行为，恰恰相反，交换才是创造了人与人之间内在联系的功能之一，而社会只不过是代替了单纯的个体集合而已。并不是说，必须得先有社会，才能让其成员的个体关系——从属、凝聚力、行为模仿、劳动分工、物品交换、寻常的攻击与防卫、宗教社团、政党形成等等——能够在其框架内发展，或者由它来表现。社会并不是这么一种绝对的存在物，它只是对所有这些明确的互动关系总体的一个综合，即一个总称。

当然，如果这些互动关系中的任何一个被消除了，“社会”仍然存在，不过这个时候“社会”的这种存在要以有足够数量的其他互动关系存在作为保证。如果所有的互动关系都不存在，社会也就不存在了。

同样的道理，即使某一活的机体功能（即机体各部分之间的互动关系）中的某一个功能终止了，这个机体却仍然能够存活。但如果它所有的功能都终止了，那么这一机体也就死亡了，因为“生命”不是其他，只不过是有机体各原子的相互作用力的总和。因此，在这里我要不厌其烦地重申：是交换活动产生了社会化，因为交换活动本身是社会化的形式。众多的个体通过各种社会关系组成了社会群体，交换活动也是这些社会关系中的一种。所有的社会关系加起来，就成了所谓的“社会”。

我们经常强调的物物交换带来的不便与不足，可以与那些仍处在直接交换阶段的社会互动相比。如果政府所要采取的所有手段都必须由全体公民来讨论、必须得到全体公民的认可，如果一个群体抵抗外部敌人的攻击需要动用服务整个群体的全体军事力量，如果一个集体的组织和力量都完全依赖于个人的权威和力量，如果法官的管理需要全体人的裁定，如果所有这些都是必需的，那么随着群体的规模日益增大，并不断变得复杂，这种群体就会难以适应，其功能的运行也将步履维艰，甚至于完全瘫痪。于是，这个群体最终会产生两种需求：一方面，它要求将这些功能转化成特殊组织；另一方面，它要求创造出一种具有表征和整合功能的符号与典范。事实上，交换功能同时导致了两种结构的出现：一个是商人阶层，另一个是货币。

商人是各种交换功能的分化代表，要不然所有的交换就得由生产者自己直接进行。生产者之间这种直接的交易渐渐消失，取而代之的是生产者与商人之间建立了新的关系，就像群体成员之间本身也存在着互相联系、互相制约的关系，但这种关系渐渐由成员个体与其政府机构之间的关系所取代一样。要更准确点的话，有人可能会说，货币处于所交换的物品之间的位置与商人处于交换主体之间的位置相似。用于交换的物品在价值上的对等性也不再以直接的形式表现出来，它们本身价值之间的差异也不再隐藏；相反，与货币交换的任一物品也就都要求与其对应的货币量有对等关系。

商人是人格化的交换功能，货币则是物化的交换功能。就如我前文所说，货币是经济活动所表现的物与物之间纯粹关系的物化。货币超越了与其相关的单个物品，货币所在的领域是根据其自身的规范创造出来的，这种规范是交换活动与其产生的价值平衡过程的客体化，而原本这些交换与平衡的过程是由所交换的物品本身来完成的。不过，这也只是一种不太成熟的看法，因为归根结底，那些交换和平衡的过程实际上还是由人来实现的，这也就是说，物与物的关系实际还是人与人的关系。个体之间的交换活动由货币以一种具体的、独立的、似乎是凝固的形式表现了出来，就如政府代表了社会成员之间相互自我调节的关系，就如守护神与约柜①代表了一个群体的凝聚力，就如军令代表了自我防卫。

以上这些都是很普通的例子，在这些例子中，所有的个别特征都已经从其原始的现象、实体或事件中分离了出来；而在分离之前，这种个别性的特征与这些现象、实体或事件的结合方式和某种行为与其主体的结合方式是一样的。在分离之后，这些特征就拥有了属于自己的结构。而当抽象的过程由一个具体的结构体现出来时，这种抽象过程也就有了结局。除了可以用于交换，货币似乎别无意义，就如军团和军旗在公有进攻和防御的需求之外，或者独立于社区宗教活动之外的牧师与寺庙也失去了意义一样。货币是一种具体的、被衡量的物质实体，同时，在其部分物质性被它的交换功能与它的流通意义所取代时，它又具有另一个层次的意义。货币的这种双重性源于这样一个事实：货币是人与人交换活动的物化，是一种纯粹功能的具体化。

货币材质的发展越来越清楚地表现了其社会学的特征。当人们在以简单的手段进行交换时，如用食盐、家畜、烟草或者谷物，交换的

① 约柜（Ark of Covenant）：又叫法柜。木头造的柜子，里面放着两块刻有十诫的石板、一根摩西的哥哥亚伦曾经用过的手杖、一个用金子做成的罐子，里面装着以色列人在旷野漂流时期所吃的吗那。在柜子的上面有两尊用黄金打造的天使，这两尊天使面对面用翅膀围出一个空间，这个空间就是代表上帝所在的地方。约柜放在哪里，那个地方就代表有神的同在。约柜在旧约时代以色列人的心目中，就是神同在的象征。

实现取决于他们的纯粹个人兴趣，是唯我的。也就是说，通过交换得来的物品最终是由进行交换的单独个体所消费，其他人在那时对那种物品并没有兴趣。另一方面，人们把金属当作首饰，这显示了一种人与人之间的关系："女为悦己者容"。装饰是一种社会需要，贵重金属金光闪闪，是用来吸引他人注意力最好的选择。因此，特定的装饰品开始用来服务于特定的社会阶层：比如在中世纪的法国，低于某一阶层的人是不允许拥有黄金的。因为装饰品的所有意义体现于由佩戴者在他人心中所激起的心理过程，所以将贵重金属用于交换与原始的向心交换手段有本质上的区别。

交换是最纯粹的社会活动、最全面的社会互动形式，而在首饰这类物品中，交换得到了合适的表达。其实，对于其拥有者来说，首饰的意义仅仅是间接的，也就是说它的意义仅体现在拥有者与他人的关系中。

如果说在交换行为中，每一个交换对象都要首先与这种形式的交换媒介进行交换，而不是直接与其目标交换物交换，也就是说如果某特殊形式的交换活动都以这样的方式被具体化，就产生了一个问题：如果进一步考察，在这些物品背后，对应的人类行为又是什么样的？

交换者与商人在交换中产生了与交换相关的一般行为，不管这种行为在多大程度上可视为货币交易的原因或结果，这种行为也只是提供了一种类比。物品与货币之间关系的基础与社会学的表现，就是存在于具有经济活力的个体与发行并保障货币价值的中央权力之间的关系，这一点在我看来再清楚不过了。只有在铸币行为使得货币超越了其单纯的金属特性以后，货币才能作为所有商品之间交换的一个绝对媒介来发挥其功能，简单的货币种类就不用说了。

从某种实际的交换中抽象出来一个交换过程，又将这个抽象的交换过程以一种独特的方式具体化，这些都必须具备一个必要条件：交换活动不再局限于交换的个体双方这个范畴，也不再是一个个体性的行为过程。交换一方所提供的交换物对另一方并没有直接的价值意义，交换另一方获得这个交换物仅仅表明了他拥有了去占有其他与这个交换物价值等同的物品的可能性。只有在这个时候，货币在上述不局限于个体的交换行为中所体现的那种新的、更广泛的特性才能建立。而交换另一方换得的那种可能性要实现，还需要作为一个整体的经济共同体与作为经济共同体代表的政府的保障。当物物交换由货币交易所取代时，交换双方就出现了第三种因素，这就是整个共同体，是它保证了货币的现实价值的实现。产生实际交换的双方避免了直接接触，取而代之的是任何一方都通过自己对货币的兴趣与经济共同体产生了联系进行交换，这个经济共同体接受货币，并通过其拥有当局最高机构所制造的货币表现了这一事实。

有这么一种理论：货币只能宣称自己拥有其对应的价值，以上分析证明了这种理论的正确性。可以说，货币就是没有注明受票人的汇票，换言之，它是被担保了的，而不是被接受的。

有人反对这种理论，他们认为金属货币涉及借贷，借贷产生了债务，这个债务最终由金属货币偿还付清。但是，这种说法忽略了这么一个事实：个体债务的清偿仍然涉及了其对经济共同体的义务。个体通过货币来偿还所有的个人义务，这意味着经济共同体现在假定由债权人来承担这个义务。

物物交换的支付方式中所产生的义务可以用两种方式来偿还：一种是直接提供同等价值的偿付；另一种是能够被当成同等价值物品使

用的汇票类东西。货币的拥有者实际上拥有的就是后者，而通过把它转给任何一位认同并接受这种汇票的人，这位拥有者就转变成为一个匿名生产者，而其作为经济共同体成员资格的基础上，这位匿名生产者同样为交换中的货币支付了同等价值的物品。

谈及货币的信用特征，我们把纸币与非纸币区分开来，认为前者有某种实际的物质（如黄金）作为其价值的支撑，而后者却没有。不过这种区分与我们现在讨论的内容并无关联。在这里，我们已经假定：只有无法兑换的纸币才是真正的货币，而可以兑换的纸币只是一种可以被偿付的汇票。不过从另一方面来看，有一种观点则强烈主张这种区分对于买卖双方的交易来说，意义并不明显。因为，即使是有担保的纸币，它的功能并不在于它是一种支付承诺，而在于它最终仍能被用于支付；纸币不同于支票，支票才仅仅是买卖双方的支付承诺。

不过，这种问题的提出并没能联系到社会学背景。从社会学观点来看，金属货币无疑也是一种支付承诺，它之所以与支票不同，仅仅因为它能保证自己拥有更广泛的接受度。货币拥有者与商品销售者相对于社会群体的关系有一种共同点：货币拥有者声称具有某种权利，而商品销售者则相信这种权利能够得到兑现。这种关系上的共同之处提供了社会学意义上的格局，在这个格局中，不同于物物交换的货币交易才能够得以实现。

金属货币通常被视为与信用货币绝对对立的一种形式，它事实上它包含了与信用有关的两个预设，这两个预设之间的关系也纠缠不清。

其一，对钱币金属材质的确认在日常交易中并不可行。如果公众对现金发行机关缺乏信任，或者是对其他任何能对钱币的实际价值和票面价值的关系产生影响的人缺乏信任，那么现金交易活动就无法进行。在马耳他钱币上的铭刻着这么一句话："non aes sed fides"（此乃信用，非铜币也），这十分恰当说明了信任的重要性。离开了这种信任，即便是钱币本身的物质价值能等同于其票面价值，在大多数情况下，它仍然不能行使交换功能。人们接受钱币的理由各种各样，而且各种理由间往往互相矛盾。这就说明了：客观的证据并不是本质上的。在非洲的某些地区，人们只接受洁白无渍的"玛丽亚·特雷西亚"泰勒①，而在其他的地区，只有污渍斑斑的货币才被认为是真正的货币，人们才会接受。

其二，除了以上所提的，现金交易的进行还必须要有另一种信任：交易方通过交易所得的货币必须能够以同样的价值再次用于交易。马耳他货币上铭刻的"此乃信用，非铜币也"是必不可少的，这也是我们讨论到现在所得的结论：就是对一个经济共同体的信任，信任它能够保证这种作为交换中介的、只有过渡性价值的钱币，能够同样替代同等价值的物品。如果没有以上所提的两个方面的信用，没有人会使用钱币；只有拥有这种双重的信任，某种脏兮兮的或许已经难以辨认的钱币才能拥有其特定数量的价值。如果没有人与人之间的普遍信任，社会自身也会解，因为几乎没有哪种关系能完全建立在对他人确切的认知上。

如果人与人之间的信任的力量比不上理性证据或者个人观察的力

---

① "Maria Theresa" Thaler，1773 年始铸于奥地利的古茨堡（Gunzburg）的造币厂，币面上印有奥匈和波希米亚的女王玛丽亚·特雷（1717—1780，1740—1780 年在位）。

量，那么，也很少会有什么关系能长久维持的。同样的道理，离开了信任，货币交易也将全然崩溃。这种信任还另有微妙之处。

有种说法认为，货币永远只是一种信贷，因为货币的价值要依赖于接受者对它的信任，也就是说接受者要相信自己也能够在交易中以这些货币获得与货币同等价值的商品。但是这种说法并不完全恰当，因为不仅是货币经济，而是所有的经济都依赖于这种信任。如果一个农夫对自己的土地没有信心，认为它不能如前一年一样生产出粮食，他就不会去播种；如果一个商人对商品没有信心，认为没有顾客会购买，他就不会去提供这种商品，等等。这种信任还只是归纳知识的弱形式。

不过如果是借贷，如果要信任他人，这就还包含了另一种因素，这种因素很难描述，不过在宗教信仰中能明显体现出来。

如果某人说它相信上帝，这不仅仅表现了他对上帝的知识处在不完善阶段，还体现了他的一种心灵状态，这种状态与他所拥有的知识无关，它比知识多不少。

如果某人说“信仰某人”，自己却不去理会，或者根本不知道自己所“信仰”的究竟为何物，那么，他就是在使用一个微妙又精深的习语。

这表达了这样一种情感：我们对存在的观念与这个存在（being）是很确定地联系和统一起来的，我们对它的概念是持续的，我们对这个概念本我的服从也无疑很顺从。可能要依赖于某些特定理由，但是并不能由这些理由来解释。

经济信用不包含这种超理论信仰的因素，我们对社会的信心也一样。我们通过自己的劳动获得了交换物质商品的货币，但我们不知道社会是否真会保证货币的有效性。

我们说过，这种信任大体上只是一个简单的归纳，但它包含了社会心理学准宗教信仰上更深层次的因素。个人拥有了货币，就产生了安全感，这也许最集中、最直接地表明了个体对社会政治组织和秩序的信心。

这个安全感产生的过程表现出来的主体性，可以说比之前创造出贵重金属价值所表现出来的主体性要具有更大的力量。这种力量是在创造贵重金属价值时就能预料到的，而它在交易双方信任的基础上产生了实际的结果。这也说明了从材质货币到信用货币的发展并不如最初看起来那么极端，因为只有这些信用因素的演化、独立与孤立的过程才能解释信用货币，而这些信用因素事实上早就存在于材质货币中了。

经济循环的本质及其对于货币的意义

对货币持续有用性的保证是整个社会群体各契约方关系的本质所在，但是，它却拥有一种特殊的形式。从一种抽象的观点来看，这种保证并不存在，因为货币持有者并不能强迫任何一个人为了货币给他些什么，即使是无可置疑优良的货币也不例外。这点在联合抵制的例子中就表现得很明显。

只有当义务本身已经存在的时候，借贷者才能被强制以货币的形式完成自己的义务。货币所宣称的对一定价值的占有最终并没有实现，这种可能性也证实了货币作为纯粹信贷所拥有的特征，因为信贷的本质就是：它实现的可能性可以无限接近百分之百，却永远不能真正达到百分之百。

事实上，个体完全有自由决定是把自己的产品和其他的财产与货币持有者交换得到货币，还是继续保留它们，不过社会总是对货币持有者负有义务。这种自由与束缚的分配尽管是矛盾的，却能作为人们的常识发挥作用。

因此，有人提出了“统计法则”，认为：在任何特定条件下，社会必然会产生一定数量的杀人犯、盗贼和私生子。不过个体的行为不受这个法则的控制，他仍有自由选择做道德或者不道德的事。统计法则并不能决定特定的个体必须做出什么样的行为，它只能得出个体所属的社会整体会有多大数量的人会那么做。

或者，我们可能会被告知：在宇宙运行的神圣计划中，在人类朝着自身终极先验目标的演变过程中，人类社会或种族作为一个整体，它所扮演的角色是确定的。但是，这些目标的个体代表是无关的，任何特定个体完全有自由在不损害整件性能情况下自行其事。

最后，有人认为：群体的行为总是由它的利益所引导，并由自然法则严格限定，就如有质量的物体永远都要受到重力作用一样。但是对于个体，他可能会被各种理论或者冲突误导，他面对的可以有多种选择，他可能做出正确的选择，也可能做出错误的选择，因为引导个体的只是背离常规的本能和目的，相反，集体行为是没有这种自由的。在这里，我们没有必要去追究这些观念的对错，我只想指出：集体性存在与个体性存在之间关系的模式在许多不同的环境下被接受的；前者是由必然性所决定，后者却是自由的；前者确定的发展要由后者自由的活动来实现，而这种自由同样也受到集体规则的限制，也要适应整体结果的必然性。通过统治者或者是这个社会的代表来制造金属货币或者印刷纸币，就保证了货币的普遍有用性，这种保证就是接受以下压倒性的概率：尽管每个个体都有自由拒绝使用货币，但是他最终都会接受货币。

通过上述的情况，可以得出这么一个结论：货币有效适用的群体规模越大，货币的价值也就越高。在一个地区性的小群体中流通的货币，价值可能就不高。这种情况发生在最原始的文化中：在达尔福尔[①]，像锄头、烟草、棉球等地区性的交换工具只是在特定的地区流通；而像布匹、奶牛、奴隶等更好一点的货币则在所有的地区都可以使用。甚至还可能会发生这样的事情：由国家发行的纸币只能限制在某个单独的省份流通。比如，1853 年，土耳其发行了一种纸币，这种纸币只能在君士坦丁堡可以使用。偶尔，一些联系非常密切的小团体之间会达成协议，一致承认某种符号，甚至可能仅仅是筹码，可以当成货币使用。

然而，贸易关系的扩大要求一种有价值的货币。原因是，要将货币进行长距离的运输，货币的价值就应该集中在较小的体积上。

因此，历史上有着广阔市场的帝国与贸易国家的货币总是要趋向于具有越来越高的材质价值。而一些相反的趋势也证明了相同的原则。

中世纪铸币权的最基本的好处就是：在任何时候，君主或诸侯都可以在自己的领地制造新的货币，以便加强旧的货币与新的货币的交换，也加强进入这一地区外来货币与新币的交换。每当他所在领域的货币贬值，他就能通过交换新币与原来的货币而获取等同于这两者之

① 达尔福尔（Darfur）：苏丹西部一地区。

间差价的利益。不过要获取这种利益，还得是在较大的领地，因为在较小地区，货币的市场很小，这种铸币特权并不能获取什么利益。

如果货币贬值给铸币者带来的利益与地区大小不成正比，那么，德国货币市场的混乱还会更严重，因为有铸币特权的每一个修道院与每一个小镇都恣意妄为地铸造货币，这种现象已经到了可怕的地步。正因为一个领地的社会经济结构的稳定有赖于货币价值的稳定，所以加强小地区的低级别货币的使用才能带来可观的好处。

以下这个事实更进一步说明了这一点：在 14 世纪，欧洲贸易快速增长，导致人们接受了古尔登（gulden）为通用的单位，金本位制度也代替了银本位制度。先令和便士是小国小镇铸造的小面值货币供其内部交易使用，可以被任意贬值。

中世纪的铸币特权首先是限定在铸造银币上，要拥有铸造金币的特权，还需得到特殊的许可，这种特权只能由具有大面积领土的政府所拥有。以下这个很有特点的例子也说明了这样一种关系：罗马主权就是一直保留到公元 6 世纪的拜占庭宫廷，而它的最后遗迹就是铸造金币的专有权。

最后，还有一个例子同样能证明这种关系。纸币流通的范围总是限制在发行这种纸币的国家中的某一特定的地区，如在法国，曾经有一段时间，纸币是整个法国的法定货币，能在整个国家流通，不过不包括海港地区，因为海港地区存在对外贸易。当贸易范围逐渐扩大，就必须让外国人和其他的贸易伙伴都能接受这种货币。其他条件均同情况下，经济地域的扩大导致交易双方的直接接触减少，双方对彼此状况的了解更不完备了，双方的信任也进一步受到了限制，交易所换取的货币要想能以同等价值使用的可能性也变得更不确定。在这种情况下，如果交易中买方所提供的货币只能在他这个国家的领土上使用，而并不能确定是不是能在别的地区使用，那么就不会有人提供商品与其交换。卖方要求的是自身就有价值的货币，即在任何地区都可以使用的货币。

于是，货币的材质价值增加，意味着使用这种货币并能接受这种货币的群体范围也就扩大了，而如果货币本身的这种接受范围很小，货币要能够流通，可能还需要有社会、法律或个人的担保。如果我们假设，货币能够被接受是因为它的有用性，那么是货币的材质价值保证了它的有用性；如果货币可以流通需要有其他方式的保障，那么货币的材质价值就应该为零，它的材质价值越高，风险也就越大。

然而，在这个扩大了的（最终将扩大成国际的）社会圈子里，正在扩大的经济关系显示出一些特点，这些特点原本仅仅是一个封闭的群体所具有的。经济条件和法律条文愈益克服空间的分隔，原来在一个封闭的社区里，交换关系是可靠的、精确的、可预见的，如今在一个大范围中，这种关系还是一样。

这样以后，货币价值需要其材质价值来保证的程度就降低了。有人提倡复本位制，他们认为，上述事情只是在国际的规模上才有可能发生，这种观点也肯定了我们的说法。到现在为止，在国家内或在国际间我们还远远没能建立起一种密切且可以互相信赖的关系，尽管这样，我们正在朝此方向发展，这点是毫无疑问的。法律、风俗和利益支撑着这种不断扩展的社会群体的联系与整合，而这种联系和整合是货币的内在价值日益减小并逐渐被其功能性价值所取代的基础。

贸易关系的扩展最初使得交换媒介的内在价值得到了提高，而在现代文明中，通过银行与汇票对地区间与国际间账目的平衡过程，这种扩展最终完全消除了货币的内在价值。在使用货币的部分特殊地区，同样的发展状况也出现过。现如今，税收原则上还是根据收入来征收的，而不是根据财产。

在普鲁士，如果一个富有的银行家在过去的几年里遭受了损失，那么，除了最近才开始要交纳政府新征收的小额财产税，他都不用纳税。不是说有钱的人就有义务纳税，是不是需要纳税还得看他从这些钱上获了多少利，也就是说，由钱生了多少钱决定。不过，选举权取决于个人的纳税义务，从这点来说，纳税的义务也赋予了纳税者在社区内的权利。

简单回顾一下货币资本在古罗马所扮演的角色，我们就会发现这种发展的一般方向。正如货币可以通过战争、捐款和货币兑换之类的非生产的方式获得，货币的借贷可能也只是为了消费而不是为了生产。

因此，很显然，利息就不是资本的一种自然产品。在这种情况中，资本和利息的关系就显得模糊不清、缺乏秩序。这种模糊、无序的关系通过很难把握这个利息唯题表现了出来，这种困难一直延续到了基督教纪元以后。只有生产资本的概念与事实才最终提供了一种实用的解决方式。早期的情况和现在的情况构成了鲜明的对比：在现代，资本的意义不在于它是什么，而在于它具有什么样的功能。资本已经从一种古板的、远离了生产的因素，演变成为一种在生产中活跃的功能。

担保是货币最敏感的神经，如果代表着社会的客观机构只能代表社会和社会利益的有限一部分，那么货币的担保很自然地就会失去部分力量。例如：私人银行相对来说是一个客观的、超个人的存在，它处于个人利益的交换之间。因为拥有这种社会学特性，银行可以发行钞票。但是，如果它所发行的钞票不能立刻转至国家监控的某一中央机构，这些钞票就会表现出不完美的“货币”特征，显示出使用这些钞票在地域上有限制。

北美纸币经济的缺陷有一部分是源于这么一个观点：铸币是一种国家事务，而提供纸币则是私人银行的责任。对此，国家不应该干涉。这种观点忽略了这么一个事实：金属货币与纸币之间的区别只是相对的。作为货币，它们都需要自身的交换功能来证明，并且通过利益攸关方与一个客观机构之间的共同关系而实现。货币行使其功能有一定的限度，货币发行机构必须要代表和表达整个地区的利益。

因此，地方统治者有时会尝试让其发行的货币至少在表面上看起来是由更具广泛性的机构所发行。即使在腓力①和亚历山大②去世后的几个世纪以后，某些地区仍会制造印有他们名字和印玺的钱币。尽管它们只是个别城市的货币，发行者试图创造出这些钱币是皇家钱币的假象。在现实中，货币不断地发展，这种发展试图促进能保证货币价值的国家和权力机构的扩张，期待最终能实现中央集权。

在这个发展中有一个有意义的特征：18 世纪以前，政府发行了库存债券，这是最早发明的对整个国家税收有要求权的一种形式。在这个例子中，人们不需要去查明某些特殊的情况，才能确定自己所持的债券能获得偿付，他们只需要对政府的偿付能力有一般的信任。这体

① Philip II，腓力二世，公元前 382—公元前 336 年，马其顿国王、科林斯同盟（公元前 337 年）时期希腊各城邦霸主。

② Alexander the Great，亚历山大大帝，公元前 356—公元前 323 年，公元前 336—公元前 323 年在位，腓力二世之子，马其顿国王，世界古代史上著名的军事家和政治家。

现了现代中央集权的大趋势，这种趋势与个体化趋势根本不矛盾。它们是同一个过程的两个部分。在这个过程中，个人的分化与新的中心化越来越清晰。其中一个部分指向社会，另一个部分指向个体自我。这一发展消除了货币本质上拥有的所有个体化的、孤立的因素。从而，社会领域中包容性强的中央集权化力量成为货币的代表。

个人信贷与国家信贷一样，都是通过货币财产的抽象形式的发展而获得利润。在15至16世纪早期，单个诸侯几乎没有个人信贷，这并不是因为他们缺乏偿付能力，而是因为其保证人的价值与他的担保不够让人产生足够信任。个人信贷的前提是：不管借贷人财产的具体构成有什么变化，其财产总值必须够得上偿付他所有的债务。只有在用货币对借贷人的个人财产总值进行全面的估价之后，他才能进行长期的借贷。即使是在18世纪，人们都要把大部分的债务换算成一定数量的钱币，这似乎是转向现代的一个过渡的阶段。在那时，从一切特殊形式中抽象出来的价值的概念，即认为价值不再需要通过一种客观的质来担保，而是可以由国家或个人来担保的观念还没有完全发挥作用。

货币向通用功能性的转变

然而，与通过社会机构保护货币的功能性价值相比，最主要的一点是，金融事务中金属的重要性显得越来越不重要。因为在最初，金属一直都是私有财产，公共利益和公共力量永远也不可能拥有对金属的绝对控制权。

也许有人会说，在严格意义上，货币这个词正日益转化成一种公共制度。公共权威、公共制度、一般的公共交往与各种各样的担保形式，还有将货币合法化的范围与程度，都越来越明显的构成了货币的涵义。因此，早期货币不能单纯只以自身的抽象功能为基础，这一点很重要：在那个时候，货币交易要么与特殊行业、货币的生产技术联系在一起，要么就是与贵重金属的交易联系在一起。

13 世纪初，在维也纳，日常的商业交易业务都是由染匠执行的。而在英格兰与德国的某些地区，则是由金匠来进行的。在中世纪，钱币交换是货币交易的核心，因为任何地方的交易，都只能用当地的货币进行支付。这种钱币的交换最初是铸币自己的特权，也就是“铸币厂的伙计们”（Münzer Hausgenossen）的特权。只是到了后来，各城镇要求自己拥有铸币权时，日常交易业务及贵重金属的交易才从铸币厂中分离出来。钱币的功能原本是要受限于它的材质的，这几乎是一种个人的联盟。但是，它的价值开始受到一个公共权威的担保的时候，货币就获得了独立性，拥有了兑换的权力。同时，每个人也就都拥有了自由交易货币材质的权力，特别是在货币功能得到了集体性担保这一点上，更是如此。

货币的非个人化日益增长，它与一个更集中更广阔的社会之间也有了更为密切的联系，这些都与对独立于其金属价值的货币功能的强调有着直接、有效的关系。货币的价值以中央政治权力所代表的担保为基础，这点最终胜过了金属材质对货币价值的重要性。在货币的价值衡量作用被忽视这一方面，有如下类比：如果某件物品拥有价值，只是因为对它的所有者而言，他拥有了获得另外一件物品的可能性，那么这件的价值就要由两个因素来决定。其一为所有者即将获得的物品的内在价值；其二为他获得另一件物品的可能性的大小。在特定范围内，如果这两个因素中有一个有所减少，而与此同时，另一个因素却有所增长的话，那么货币的整体价值就不会受到影响。

因此，我们可以举这么一个例子：在我们的各种感知对象中，其中某一个对象的价值同时取决于这种感知的可靠性，以及这个被感知的对象本身的意义。在自然科学中，可靠性因素变得越来越重要，而在社会科学中，所感知的对象本身的意义却变得越来越重要。因此，在这两个领域中我们所感知对象的价值可能就是相等的。只有当我们顺着亚里士多德的思路往下进行，不去怀疑我们所拥有知识的可靠性，那么我们就会认为我们所感知对象的价值仅仅只取决于该对象本身的意义。

彩票的价值在于其中彩的可能性，它与中彩后彩金的数目也有关系。个人某一个行为的价值在于通过这次行为达到目标的可能性，以及这个目标对个人的意义。债券的价值在于它的资本安全性和它的利息率。货币并非完全以同样的方式发挥功能，货币越来越可以信赖，但这种信赖与通过它所能获得的价值的降低并没有联系。不过，这种类比还是有效的。因为在不触动整体价值的前提下，钱币的面值所得到的信赖日益增长，这使得钱币的金属内容的内在价值有所降低。

另一方面，货币的社会学地位的原因和结果都带来了这么一种局面：群体的中央权力与其个体成员之间的关系越来越牢固，越来越密切，因为如今这些个体成员之间的关系本身就是通过中央权力发挥作用的。加洛林王朝①曾明确尝试过以货币经济取代物物交换与牲畜交

① Carolingian Dynasty，(751—987)，8世纪中叶—10世纪统治法兰克王国的封建王朝。由其家族惯用名字加洛尔（拉丁文为Carolus，即查理）而得名。751年由法兰克王国宫相查理·马特之子丕平（矮子）在罗马教皇支持下废墨洛温王朝建立，查理于1800年由罗马教皇加冕称帝，史称查理大帝。

换，他们频繁颁布法令，强制人们使用货币，并严厉惩罚拒绝使用货币的人。

铸币是皇家所独有的特权，强制人们使用货币交易就意味着皇权已经深入到那些过去只有私人性或个人性交易的地区。同样，在奥古斯都[①]时期，罗马帝国的金银币只能凭借皇帝的名义、在皇帝的命令下才能铸造，而参议院与地方政权只有权发行面值较小的货币。

这些伟大皇帝如大流士一世[②]、亚历山大大帝、奥古斯都、戴克里先[③]等等，一直到后来的拿破仑一世，他们都创造了强有力的铸币体系，这种现象就是上述趋势的普遍化。在物物交换的经济中，整体的技术是整个社会权力的支撑，它鼓励自给自足的经济，鼓励建造国中之国。比如，从墨洛温王朝[④]开始，那些较大的领地就出现了这样的情况。然而，货币经济中相同的权力机构与国家产生了一种联盟的关系，在这种关系中，那些权力机构在持续的发展。

因此，从部分意义来说，现代的中央集权国家就是货币经济惊人增长的结果。这种货币经济惊人增长是伴随着美洲金银资源的开发而建立起来的。钱币的使用与中央集权有关，它也将交易双方的关系扩

---

① Augustus，屋大维（Gaius Julius Caesar Octavianus，公元前63—公元14）的尊称，凯撒大帝的甥孙和养子，罗马帝国的开国君主，统治罗马长达43年。

② Darius I，（公元前558—公元前486），波斯皇帝（公元前522～公元前486年在位）。

③ Gaius Aurelius Valerius Diocletianus，（245—312，原名为狄奥克莱斯Diocles），罗马帝国皇帝，于284年11月20日至305年5月1日在位。其结束了罗马帝国的第三世纪危机（235—284），建立了四帝共治制，使其成为罗马帝国后期的主要政体。

④ Merovingians Dynasty，（481—751），统治法兰克王国的第一个王朝。相传以创立者克洛维的祖父法兰克人首长墨洛维（？—458）的名字命名。

展到了超越钱币本身的层次，而依赖于钱币进行的每一次交易就逐渐被视为商业系统较深层的意义所在，随之而产生的结果就是货币的力量使得个人与王朝的联系愈来愈密切。这一事实摧毁了封建社会自给自足的经济。一方面，从日耳曼皇帝开始，各领土的统治者就开始争夺这种中央集权的手段，这可以看作日耳曼帝国衰亡的本质原因之一；另一方面，借助于这种货币交易的发展趋势，13 世纪、14 世纪的法国与英国国王建立起了统一的国家。

在俄罗斯帝国统一以后，伊凡三世①将其领土分封给了他的儿子们，但是他却一直都保留着铸币权与司法管理权这两种中央权力。一旦法定货币最终得到广泛的承认与接受，贸易地区与其最初所属的国家之间的关系也因此变得更为紧密。这样，政治领域之外松散的贸易关系的范围将明显扩大，而且这种关系更具持续性。

英镑的兑换率在英国与葡萄牙、巴西的贸易中声望很好，这促进了英国与这些国家的贸易关系变得更为紧密。在加洛林王朝之后不久，德国国王就将铸币权赋予了不同的个人与宗教机构，却只保留了钱币的金属成色、品质与形式的决定权。

在 12 世纪之前，有铸币权的人们，有权决定货币的形式与标准，因而他们想获得多少利益就可以获得多少利益。伴随着铸币权与中央权力日益分离的是货币的日益贬值；当担保货币价值的最大社会群体与中央机构不再如以前那样强有力的时候，货币的本质价值也就下降了。

相反的过程也能说明同样的问题：货币的贬值也能导致最大群体

---

① 伊凡三世·瓦西里耶维奇（Ivan III of Moscow）莫斯科大公，在位时间 1462—1505 年，于 1480 年使俄罗斯取得了独立。

的解体与崩溃（货币本身依赖于这一群体的统一）。有一种纯粹的形式上的象征性关系可能也是引起这些现象另外一个因素。黄金和白银的相对不易毁坏性，是这两种金属的本质特征之一，并且，由于采矿业对这两种金属量的增加并不大，所以金银的总量在很长时间内差不多保持不变。

从长期看来，大多数其他的物品都会被完全消耗，随后消失，乃至最终被取而代之，但是货币似乎却能无限持久，它不会受到个别物品的影响。结果，货币就能超越这些物品，就如一个社会群体的客观统一体超越其个体成员的变化一样。这种群体功能存在于实际个体形式之外，是不断变化的个体表现中的一个稳定的建构过程，也就是说，这个过程结合在这些个体表现中、由它们形成、是这些个体行为加在一起的最终表现。这正是那些具体化的群体功能抽象的生命的独特形式。

比如，所谓国王的不朽就是如此。国王的不朽与国王个性中偶然出现的方面，与他某个特殊的行为，与他所造社会命运的起落沉浮没有关系。钱币是不可毁坏的，不可毁坏的货币上铭刻了国王的肖像，这点也表现或象征了这个事实。

直到 16 世纪，诸侯们的商业交易才开始出现大规模的金融事务。随后，金融家们就开始了与诸侯们的交往，他们的地位也因此沾上了皇家的贵气。然而，与此同时，商品贸易则显得更为平民化。

因此，社会主义者不赞同金融经济，这就不仅仅源自于私人企业中盘踞在工人头上的资本家的权力，很可能还源自其反君主统治的本性。因为，货币存在的前提是社会整体的具体化形式。尽管并非必须是君主政体的形式，但事实上，君主制最喜欢的就是以中央权力干涉群体的经济功能运作。

另外，需要在中央集权化的条件下，并且只有在有货币税收的条件下，诸侯们的居所才可能得以固定。因为以实物支付的税收不好运输，它们只适合缴纳给那种游牧王朝，只有游牧王朝才能很快消费那些物品。同样的道理，现代税收政策就倾向于让当地政权征收财产税，国家则获得收入税。通过将国家的税收主要集中于对个人收入税的征收，中央政府就能够准确把握与个人收入密切相关的个人财产的性质。

因此，官僚主义的发展，以及它与金融的密切关系，都只是中央集权化倾向的一种表现而已。封建制度的管理是分散型的，大臣在遥远的边疆拥有财产，从这些财产所能获得的利益使得他们与中央权力分开。但相反，定期的薪金收入又将他们引到中央权力附近，并持续加强他们对中央权力的依赖。

在 19 世纪初，由于货币的不断贬值，高门政府[①]不得不铸造双倍重量的钱币来支付官员与行政的开支。因为，只有在这些官员与政府的关系中，国家才必须支付具有足够价值的货币。只有在货币经济的条件下，行政部门才能以惊人的速度增长、分化。然而，在一个特殊的中央机构中，这只是货币与群体凝聚的客观化表现之间关系的症状之一。

在希腊文化中，这种关系并不体现在政治统一体中，而是体现在宗教统一体中。曾经，所有的希腊钱币都是神圣的。它来自于祭司阶层，就如其他的有效度量概念，如重量、尺寸、时间等都由祭司决定

---

① Sublime Porte，指 1923 年以前的奥斯曼帝国政府。

一样。这种祭司的身份同时还代表了不同地区的统一。

人们之间早期联系的发展是建立在宗教的基础上的，从一些的例子中，我们可以看出这种情况覆盖了较为广阔的地区。神殿具有一种非特殊性的、越来越集中的重要性，而货币上也铭刻了这个共同的神，所以货币也表现了这种重要性。宗教性的社会统一体通过神庙得以确定，而通过货币的流通，这个统一体又再次变得活跃起来，而货币因此获得的基础与功能也就远远超过了单枚货币的金属内容的意义。货币的功能需要社会学结构的支持，它同时也支持了这种社会学结构。通过牺牲了其物质性，货币的功能就变得更有意义。

反思一些例子，我们就能对这个过程了解得更清楚。

货币具有众多功能，但在这里我们只讨论货币对贸易的促进作用、对价值标准的稳定作用、对价值流动的促进作用、对流通的加速作用，以及它以一种浓缩的形式表现出来的价值精华。

通过介绍，在这里我想强调：君主将铸币贬值（这点我之前已经讨论过），从而剥削大众。这点最清楚地揭示了货币功能价值的重要性，它与货币作为金属的价值截然对立。在交换中，人们之所以会接受被贬值的钱币，会付出实质价值更高的货币，而换取被贬值的货币，是因为这种贬值的货币也实现了货币的交换功能。通过货币的功能性价值，拥有铸币权的人能够获得比例过高的利润额。就因为货币的这种功能性价值，人们才不得不同意进行旧币与新币的交换，也因此不得不牺牲了他们本身所拥有的货币的金属价值。但这也只说明了一个非常普遍的现象，就是说，从其形式上看，货币比其他任何东西都能更好为贸易服务。但是，它所具有的优越性，并不是仅仅因为它本身材质的优点，还因为货币可以超越其材质意义。

下面这个例子就能说明这点。在1621年，德国泰勒[①]在低地德国地区被贬值时，在其他地区，它的交换值从48先令升到了54先令。那时霍斯坦[②]、波美拉尼亚[③]、卢卑克[④]、汉堡[⑤]和其他一些地区就都颁布了一项政令，规定从某个时候起，德国泰勒的交换价值只值40先令。尽管人们普遍接受这项规定，并认为其公平合理，但是德国泰勒的交换价值并没因此而改变，仍为48先令，因为这样便于找零与计算。在金融发展到更高级、更复杂的阶段，当债券以大小不同的面值发售的时候，同样的事情仍然可能发生。尽管按股份计算，大小面值的债券的价值是完全一样的，但是股票交易会以更高的价格对小面值的债券进行报价，因为股票交易更需要小面值债券，而且小面值的股票交易能更好地促进贸易。

事实上，在1749年的北美殖民地，有一个货币委员会就曾经宣称：经济欠发达的国家，人们的消费量要多于生产量，所以他们的货币价值就应该一直比那些经济较发达的邻国的货币价值低，否则，这些国家的货币就会不可避免地流入那些富裕国家。

这个例子更清楚地说明了我们之前就提到的那个事实：作为具有计算和结账功能的特殊形式的货币，它的稳定性为它的这种形式提供了一种价值，这种价值又被有意识地提高到了其实际有效的价值

---

① Reichathaler，德国在15—19世纪所使用的钱币，1泰勒值3马克。

② Holstein，位于北德日德兰半岛，公元1111年在圣罗马帝国时期成为一个大公国，1815年成为日耳曼联邦成员。

③ Pomerania（波兰语Pomorze，德语Pommern和Pommerellen，译作波莫瑞）在波兰北部与德国东北，位于波罗的海南岸的地理及历史区域。

④ Lubeck，德国东北部港市。

⑤ Hamburg，德国北部一座美丽的港口城市，被誉为“德国通往世界的大门”。

之上。

此时，货币的功能性价值就远远超过了其材质性价值，以至于逆转了货币的这两种价值的意义。比如，在这些例子里，与贵重金属相比，较低等的货币却能保持难以置信的价格，这些例子都显示了相对于其金属材质的价值，货币的功能性价值的巨大增长。在如金矿一类的地区，会出现这样的情况：在那些地区，财富刺激了贸易的发展，但是在日常交易中，现金却显得匮乏。

17 世纪末的巴西金矿，矿工对现金的需求增长极快，于是葡萄牙国王就提供白银，作为矿工之间交易的媒介，而国王也因而剥削了矿工，换取了巨额的黄金。随后，在加利福尼亚和澳大利亚，也发生过矿工不得不用 2—16 倍价值的黄金来换取零钱的事情。

这类情况中最糟糕的现象莫过于土耳其的货币状况，而且那种情况一直持续至今，不过现在已经有所好转。在土耳其的货币中，根本就不存在镍币和铜币，所有面值较小的货币都是由质量低劣的合金制造而成，比如阿尔梯利克（altiliks）、波什利克（beschliks）、麦塔利克（metalliques），这些钱币的供应远远不够。

结果，虽然政府在 1880 年规定，这些硬币的价值必须贬值 50%。但是事实上它们的价值始终还是没变，它们一直与黄金同等交换。像麦塔利克，被认为是世界上最不值钱的代用货币，但是有时候，它反而超过了黄金的价格。

这样的现象最有特点；最小的钱币在交换中作用最为重要，其价值也由其重要性决定。不过，这种小面值的货币通常也是最先遭到贬值的。麦塔利克的价格说明了这样一个悖论：一种货币的实际价值越小，它的交换价值可能会越高。因为它本身缺乏材质性价值，它就更能为某些功能性的目的服务，因此这种小面值货币的价值就可以无限制地上升。

人们反对白银作为量度标准，是基于人们对货币的功能性意义和地位的了解逐步增加这一原因。也就是说，使用起来的方便性是人们对货币的基本要求。尽管粮食可能并不方便使用，但是只要它有营养、只要它好吃，人们仍然会保存粮食、使用粮食。一件衣服可能并不适合某个人，但是只要它漂亮或者能保暖，这个人就仍然会保留这件衣服。然而，不方便使用的货币却像不可口的粮食、不合身的衣服一样，人们不会保留，因为货币的主要目的就是为商品交换提供方便的中介。货币要具有这个主要功能特征，而其次要特征越少越好，这就是货币之所以不同于其他商品的原因。因为货币是超越所有商品之上的一种绝对抽象的存在，除了其原始特征之外，任何次要特征都会妨碍、扭曲货币的功能。

通过对货币功能的扩展或压缩，就可以将货币的价值独立于其材质价值，使它增加或减少。尽管说货币的稳定价值与货币的材质价值的关系要更为密切，但即使在价值稳定的时候，情况仍会如此。罗马的皇帝都有铸造金币与银币的特权。不过，日常交易中使用的铜币，在东部的省份是由城镇权力机构铸造，在其他地区则由参议院来铸造。

这样，货币的实际价值与功能价值之间关系的稳定性就有了一定的保障。因为皇帝不会允许具有较低实质价值的货币在国家泛滥。于是，最终的结果就是：皇帝继续不断对他们自己铸造的银币进行贬值，在特定的过程中，导致了罗马铸币业的彻底崩溃。在价值关系上，这种情况也产生了一种奇怪的逆转：由于不断贬值，银币成了日常交易中的手段，而价值一直没变的铜币，却渐渐成为度量价值的标准。金属价值所具有的相对稳定性发生了变化，这扭转了作为货币价值表征的各种金属的最初角色。

最近，在谈及与其材质性价值相对立的货币价值稳定性所具有的更为重要的意义时，有人强调：从纸币到黄金作为度量标准的转换不一定非得重新使用黄金作为交易手段。

在奥地利这样的国家里，纸币与白银的价值相等，如果转换回到作为量度的黄金，这会给货币的价值稳定带来决定性的好处，还会在不使用货币材质本身的条件下实现黄金所拥有的最重要的功能。

最近，人们很关注货币价值的稳定，有人甚至提出要废除作为纸币价值担保的黄金储备。只要黄金储备还存在，所有不同的国家就仍然隶属于一个共同的经济体系，这使得任何一个国家的交易都要受到其他国家政治、经济事件波动的影响。

因为没有担保的货币不能出口，所以只有在这个国家内的各种企业可以使用这种货币。这对这些企业是有益的，特别是，它还能彻底地保持货币的稳定性。

不管有多少人批判这种理论，它的基本建议还是说明了：在心理意义上，货币的概念是怎样和货币材质的概念分离开的；货币又是怎样通过人们对其功能性作用的关注而逐渐变得完美。使货币逐渐消融到其功能性的存在需要某些特定的条件，而货币的所有功能显然都服从于这些条件。在任何特定的时刻，这些条件都只是部分有效。上述这些概念显示出货币发展的一条线索，但货币永远也不能达到线索的终点。

货币要度量的价值，以及货币要表现的该价值与其之间的关系是纯粹心理学意义上的，这就使得货币对价值的度量永远不会像尺子度量长度、天平称物体重量那样稳定。

货币物质性意义的下降

在实践中，人们在借贷以后再偿付时，货币的价值已经改变。如果这种情况引起什么问题和争议，人们会接受货币价值的稳定性这一事实。如果货币的价值在总体上下降了，以至于在偿付欠款的时候，同样数目的货币价值已经不够之前的欠款，那么法律忽视货币价值的稳定性这一事实，还是认为相同数目的货币价值是相等的。如果钱币已经通过使用合金材质或者通过改变价值标准的方式而被贬值，那么法律会决定是按照新的标准来偿付所欠的债务，还是按照新标准的金属内容偿还债务，抑或是简单地按照面值直接偿还。

一般来说，认为货币的价值保持不变的观点还是比较普遍。当然，这种稳定性也是一种虚构，在这种虚构中还涉及一些其他的物品，而且没有人会怀疑。比如说，如果在春季借了50磅土豆，那么在偿还的时候，土豆可能已经值更多的钱，也可能变得更便宜了。

但是在这样的情况下，我们应该讨论的是物品的直接意义。不管土豆的交换价值怎么波动，它给人带来的满足感与所提供的营养价值是保持不变的。

然而，货币并不具有与此同类的价值。货币只拥有交换价值，而因此关于货币价值的稳定性的假设也更加引人注意。作为权宜之计，有人会想出理由来确保人们将这种虚构转化为现实。我之前已经指出过，当货币还是由贵重金属制造的时候，货币与首饰之间的联系有助于保持其价值的稳定性。因为一方面人们对首饰的需求弹性很大，它吸纳了大量的、不断增长的对贵重金属的供应，也防止这种供应的增长所带给货币价值上过大的压力；另一方面，尽管人们对货币的需求不断增长，但是这种需求可以通过使用库存首饰得到满足，也就是说，首饰库存既满足了人们对货币的需求，又避免了货币价格的上涨。

这种趋势不断持续，这似乎暗示着将货币物质性基础完全消除的这样一个目标。

因为，即使是贵重金属这样合适的材质，也不能同时避免由于需求、生产、还有工艺过程等出现特殊情况所带来的波动。金属发挥着交换媒介的功能，同时金属又是商品相对价值关系的表达方式，而上述特殊的情况与这些事实并没有太大的关系。货币要想获得完美的价值稳定性，它自身就必须什么都不是，而只能是具体商品之间价值关系的纯粹表达。

这样，货币就能获得一种中性地位，也因而很少受商品各种因素波动的影响，就像尺子不会受到它所度量的对象的不同长度变化的影响一样。这样，货币的价值也就能具有最大限度的稳定性，因为如果我们不能控制货币材质的量，那么，要调节供求关系就会显得更为困难。当然，就如前文观察到的，在特定的历史和心理条件下，货币价值依附于金属材质时比它脱离金属材质时更稳定，刚才所述也并不是否定这个观点。

因此，我们回到前面所用的比类，虽然说最深沉、最崇高的爱是两个灵魂之间的爱，排除了所有肉体欲望的爱，但只要这种爱无法企及，那么，当这种精神关系由亲密的感性纽带来补充和调节的时候，这种爱的情感才能完全实现。天堂会实现对永恒极乐的承诺，但条件是，在天堂中对极乐的意识不再需要与其他情绪的对比来表现。然而，只要我们还是人，我们就需要将我们积极乐观的情绪与我们的负面感受如痛苦、冷漠和沮丧进行对比，然后才能感觉到幸福。

因此，尽管在一个理想的社会秩序中，没有内在价值的货币会是最好的交换手段，但是在这种情况实现以前，最令人满意的货币形式还是要和它的物质材质联系在一起的。当然，这并不是说货币偏离了其持续发展的方向，这一趋势将使货币转变成其本质功能的纯粹符号性表征物。

在货币的材质性价值与其功能性价值分化的过程中，有一些例子说明存在着这样一个特别的阶段。在这一阶段里，某种特定类型的货币被用作价值的标准，但它并不充当实际的支付手段。如果在此同时，货币没有了度量性价值，那么它是无法实现交换功能的。不过，在某些特定的方面，货币的度量性功能却能独立于其交换功能。在古代埃及，物品价格是由尤顿（uten），也就是一段卷曲的铜线来决定的，但是在支付中使用的却是各种各样的商品。

在中世纪，价格通常都是以货币来衡量的，但是买者有自由选择他觉得方便的方式来进行支付。如今在非洲很多地方，商品交换是以某种货币标准进行的，这种标准有时还非常复杂，而大多数情况下货币本身却甚至不存在。

16 世纪时，在热亚那，有一种交易市场，以斯库多为标准的价值体系①为基础。这种标准差不多完全是虚拟出来的，在实际钱币中根

① 原文为意大利文，斯库多（scudo）是一直使用到二战的意大利金币，相当于五个里拉。

本就不存在。在实际交易中，100 个这种斯库多最多可以值 99 个金斯库多。斯库多价值标准体系可以用来衡量所有的义务或责任，并且，由于斯库多价值标准的理想化特征，价值的标准是绝对稳定的，它不会受到实际货币的非连续性或者波动性所产生的任何影响。

针对印度货币的贬值，及人们蔑视并仿造货币的现象，东印度公司引进了一种从来就不曾出现过但是在价值上可以与一定量的白银相对应的货币单位——卢比，用它作为一种价值衡量标准，以此来度量实际交易中被贬值的货币价值。因为有了这种理想化的标准，实际用于交易的货币也因此获得了稳定的相对价值。

在 19 世纪早期，一位理论家有这样一种构想：他把所有的货币（不管是硬币还是其他任何形式的货币）都看成是对可交易商品权利的声称，他也因此得以最终否定货币的现实性。而通过引入这样一种理想化货币，这位理论家几乎构建了这一理想的事态。

从严格意义上来说，货币与通货是对立的，通货只是以货币的名义所表达的获得某种可交换商品的权利的声称，而货币本身是一种理想标准，通过货币，人们可以衡量所有财产的价值。在这里，“斯库多价值单位体系”就成了一种普遍性的理论。货币已经被理想化了，成为了一种纯粹的形式、一种关于关系的概念，以至于它与可感知的现实不再一致，它与现实的关系就如抽象的规律与经验特例之间的关系一样。在以上所述事例中，货币衡量价值的功能已经与货币的材质符号相分离；人们有意将用于计算的钱币与金属货币对立了起来，以便让货币地位能够超出它的金属材质符号的范围。这样，理想的货币就实现了“善的货币”的功能，说货币“善”，只是因为它是一种可靠的价值度量方式。

上述分析说明了：货币所行使的基本功能之一就是让价值的流动性更强。因此，这一说法也将我们引至以等价物来表征货币价值的这个主题。在与其材质性价值的关系中，货币作为一种交换手段、价值衡量标准、价值的储存方式的重要性越是突出，货币就越容易以非金属的形式在世界流通。从僵化的、有严格材质规定的货币发展到符号性货币，这种发展同样也发生在这些表征上。例如，以前是一个人与另一个人之间债据的转让，后来发展演变为个体手里持有的不记名的债券形式，这种变化就属于这样一种进化过程。

我们还可以进一步追究这种发展过程的不同阶段。

在中世纪，就已经存在有追回债务的契约，这样，原始债权人和契约持有者就都有了收回债务的权利。不过，这种契约只是为了让债权人的代表能更方便地收债，而所收的价值是不允许转让的。在当时法国里昂的股票交易中，人们使用的是一种“空白欠条”（billet en blanc）。这种“空白欠条”使得纸币价值纯形式的流动有了更实质性的内容。欠条内容仍提及债权人，但是却没有具体的债权人姓名。只有当欠条上用于填写债券人的那一空白处填上名字之后，债权人才算是确定下来。

到了16世纪，在安特卫普，完善的汇票交易才得以建立。最初，在汇票到期的时候，如果持有汇票的人并不能同时出具转让书，债务人就拒绝接受兑汇。因此，政府不得不颁布了一项法规，肯定所转让的汇票本身就普遍有效。

在这里，我们就可以清楚地看到这个系列的阶段。也就是说，通过个人指定的汇票，汇票中所涉及的价值就确定了其债权人和债务人。但首先它至少要具有流动性，使得汇票的价值能够支付给债权人以外的另一个人，尽管这种情况的出现仍然是出于对原始债权人的权利的考虑。随后，这个过程发展到将确定债权人这件事延后，不过最终还是要指明一个债权人。最终，这种价值就可以随着不记名债券一起随意流动，可以像钱币一样随意更换主人。这好像是我们在国库债券中所看到的过程的相反的方面，或者是主观的方面。因为这些债券是通过一般的国家税收，而不是通过国王的个人税收得以偿还，所以从债权人的角度来看，这些债券就不再那么僵化。本来它们的范围是受到限制的，但是这样就使得它们发展进入到了普遍的经济活动中，并成为更具流动性的价值符号，因此，也没有必要再检验它们的价值了。

价值流通在普遍加速，这也决定了货币的材质与其价值之间的关系。与那种对货币与其替代物之间关系的片面解释相反，人们已经认识到：货币的替代物，像支票、汇票、保单、转让书等，它们并没有取代货币，只是使得流通的速度加快了。原来大面值、缓慢流通的钞票不断转为小面值的钞票，这个事实就能很好地说明货币符号的这种功能。

在 1759 年以前，英格兰银行还没有发行小于 20 英镑面值的钞票，而在 1848 年以前，法兰西银行只发行 500 法郎的钞票。因为货币替代物的出现，人们才有可能摒弃大量的现金储备，不过主要好处还在于，现在的流动资金可以有其他用途了，比如银行就可以使用。被经济化的不是货币本身，而是货币作为一种被动的现金储备的功能。

人们普遍注意到，信贷和现金并不是简单地彼此取代，相反，它们都使得对方更为活跃了。在某些时候，市场上会存在大量的现金，而在这个时候，借贷行为也会比平常更为频繁，甚至可能会到一种病态的程度。比如在 16 世纪，德国进口了大量的贵重金属，而这与随之产生的大规模的，甚至没有保障的贷款，还有扩大公司规模的狂热现象不无联系。货币与信贷的使用范围同时都扩大，这表明了它们是在提供同样的服务。它们中任何一个的功能增强时，另一个都会受到刺激，也变得更具活力。货币与信贷还存在另一个关系，那就是信贷使货币变得多余，不过上述现象并不与这个相矛盾。比如，据说在 1838 年的英格兰，尽管它所生产的产品比起 50 年前已经有了巨大的增长，但是国家内可使用的现金反而变少了。在法国，当时可使用的现金也比大革命之前有所减少。这两种现象源自同一动机，但是却存在着双重的关系：一方面相互刺激，另一方面又互相限制，互相排挤。这种现象很容易想到，并不罕见。这里我想您注意到：爱是人类最基本的一种情感，爱可以通过其感性和精神的两个方面彼此加强的方式来展现，也通过其中一方试图排除另一方的方式来展现。而且，大部分情况下，正是这两种可能性相互作用，才能够最丰富、最生动地表现了爱的基本情绪。

我还想提醒您注意到：在追求知识的过程中，有各种各样的活动，不管这些活动是相互激励还是相互排挤，它们都揭示了其基本旨趣的同一性。个体根据自己的本质与自己成长环境，会加入到不同的党派，这些党派组成了一个社会群体的政治能量。这些党派之间既有情绪化的相互斗争，偶尔也会有为了群体利益而联合起来共同行动的时候。信贷的意义既可以刺激更多现金的周转，也会直接代替现金周转，这表明了这两种交换手段的功能之间的统一性。

贸易的增长导致了货币更快速流通，而不是增加了货币的材质。

我之前提到过，在 1890 年，因为当时的一些原因，法兰西银行将其存款的 135 倍的资金投入经济流通使用，而德国国家银行竟投入了其存款的 190 倍。货币行使其功能所需的材质其实非常少，人们很少能体会到这能少到什么程度。在战争和其他灾难爆发时，货币会了无痕迹地销声匿迹，这种惊人的现象只意味着：货币流通出现了中断，这种中断由个人人为原因引起或者强化，从而使得流通过程暂时与货币相分离。

在正常年代，货币的储备似乎总比其实际的数量要多，原因就在于货币的流通速度——就如一个闪亮的火点，当它在黑暗中快速旋转时，它看上去就像一个闪亮的圆圈，而一旦它停下来，它仍然会缩回到原本闪亮的火点。在货币遭到贬值的时候，这种现象表现得最为明显。

因为，在货币所属的现象范畴里，正常的活动决定了它的界限与范围，而一旦货币出现偏离或者故障，这就会引起巨大的、几乎难以想象的损失。典型的例子就是水与火的能量。良币不像劣币，没有那么多的副作用，并且，由于使用良币不需要有那么严格的规范与监督，所以比起劣币，它的流通要更为容易，更为顺畅。

货币发挥功能的形式越精确，所需的货币量就越小，而它也就更容易被流通速度更快的物质所代替。要增加交易量，可以通过减小钱币的价值来实现，而不是通过增加在实际流通中的货币的量。铸币的总的趋势就是，钱币的面值慢慢减小。

这个例子就很有特点：在很长一段时间里，英国的法寻①（相当

---

① 法寻（Fathing）：英国旧时一种硬币或币值，值 1/4 便士。

于0.12克白银）一直都是英国面值最小的硬币。一直到1843年，才开始铸造了面值为半个法寻的硬币。而在这之前，所有低于一个法寻面值的货币都被排除在货币交易之外，而且在两个整法寻之间的价值交换也都很难。据一个从阿比西尼亚过来的旅行者的报导（1882年），因为交易的人们只接受一种钱币，也就是铸于1780年的玛丽亚一元银币，而更小面值的钱币根本不存在，所以那时的贸易受到了相当大的阻碍。那时，如果有人想要买半元钱的东西，他就必须另外再买一些东西来抵消应该找给他的半元钱。另一方面，据说在19世纪60年代的婆罗洲[①]，贸易活动就进行得很是顺利，因为一个泰勒大致也就相当于4000个Cowry[②]贝壳，所以穷人们可以用钱买到小分量的商品。

确实，由于货币的这种可分割性特征，在购买的时候就不再需要无条件的附带购买其他的商品了。即使买者所需的仅仅是很少量的商品，那也有与之对应的货币量可以用于支付，而且这种小面值的货币也渐渐成了交易中的必需品。在这个时候，那些在原始的货币条件在所存在的借贷行为，还有双方互助的规则也就消失了。双方互助最初只是社会交易的必需，后来又成为一种道德义务，或者是单纯的善意行为，抢劫则成了与互助对立的行为。但是，互助却不如抢劫那样能显示一个合适的经济活动的可能性的意义。只有当贸易及其目标变得具体的时候，馈赠礼品的行为才发展成为一种经济行为。交换礼品是主观的行为过程，尽管它具有很大的价值，甚至也可能具有经济价

---

① 婆罗洲（Borneo）：东南亚的加里曼丹岛。

② Cowry，一种海生腹足动物，壳光滑明亮，生于暖海中，其贝壳旧时在亚非等地被用作货币。

值。但它却给经济设定了一个非常狭窄的界限，只能通过可以摧毁这种价值的方式才能打破这种界限，这种方式之一就是引入小面值的货币。货币的物质实体分解成微小的单位，这大大地增加了交易量。通过加速货币流通，从实际效果上看，这种分解就是增加了货币的数量。换言之，货币发挥功能的方式能够代替货币材质量的增加。

最后，货币的某些效果与货币材质自身的性质似乎并不和谐。货币的功能之一，就是以自己特有的方式浓缩并且表达物品的经济意义。用于支付某一商品的货币数量的统一体就结合了货币功能的所有因素，还有那些在空间上分离部件的特殊的价值，以及所有为货币铺路并让其最终能形成货币的力量与物质，这些过程可能都延伸了一个相当长的时间。不管货币价格包含有多少数量的钱币，它都是一个统一体。

货币各部分这种完全可交换性，将货币的意义只限定在货币的数量上，而它的各部分又形成完整的统一体，这在实际生活中其他物品上是很难见到的。

如果有人说到一个极其有价值的复杂物品，比如说一个乡村庄园，说它值 50 万马克。那么，不管这 50 万马克是建立在什么样的前提的基础上，不管它经过了多少考虑，它都把这个价值凝聚在了单一的概念里，就如用单一的货币概念来表达一个简单的物品一样，像工作一小时值一马克。这也像一个统一性的概念，一个能从数个个别例子中将它们的本质特征集中起来的概念。

比如，当我使用“树”这个通称的时候，我从每一个不一样的单个的树的表象上抽象出来的特征并不是单纯地排列在一起，而是结合在单一的整体存在之中。概念的深层意义在于它不只是一个特性的集合，而是一个理想的统一体，能使得所有的这些互不相同的特征聚集起来，并最终融合。就是通过这种方式，货币的价格将其衡量的对象大范围、多种类的经济意义都凝聚成一个统一体。

乍一看，货币的纯粹数量特性似乎无法实现这一点。比如，一个马克与另一个马克永远不像有机体或社会群体的各组成元素，各个马克间无法组成统一体，因为它们之间不会出现任何相互的关系，所以它们只会保持一种单纯的排列关系。但这还不同于用货币总和来表达物品价值的情况。50 万马克本身只是一些独立单位的集合，但是相对于一个乡村庄园的价值，它们就是单个符号体，就是庄园价值的表达，即庄园价值的等价物。它们不是 50 万个马克单位的堆积，就像 20℃的温度并不是 20 个摄氏温度的堆积，而是一种热状态的一个统一体。这与上文提到的货币凝聚价值的功能是一致的。

因此，货币伟大的文化元素之一，它的功能就是将巨大的能量凝聚到一点上，而通过这种凝聚，它能战胜一些消极或积极的、与我们的目标相对立的因素。说到这里，我们应该想到机器，不仅仅是因为我们将机器的力量用于服务我们的目的这个明显的原因，还因为机器的每一次改进、每一次提速，都要求工人有更大的工作强度。正因为如此，技术一旦有了进步，工时就可以且必须同步缩短。因为通过机器的改进，自然与人的力量都能以更凝练的方式服务于我们的目的。在塑造我们的世界观时，自然规律的作用变得越来越重要，从这点我们也可以观察到同样的文化发展趋势在起着作用。过去，人类只关注个别现象，人类的原始经验论也是偶然、片面的，与这些相比，自然规律代表了对知识的高度的浓缩，它以简洁的公式概括了无数例子的特点与运动。通过自然规律，心灵就将广大空间与事件范围内的事件都压缩成一个可理解的系统，可以说，这个系统就包含了整个世界。

在一个截然不同的领域中，枪炮取代手工武器，这也表现了同样的发展形式。火药中集聚了巨大的能量，而我们只需要稍做一点肌肉运动，就能获得用其他武器无法获得的效果。

同样，在历史的发展中，通过宗族组织、家庭单位和行会组织，个体性格的意义与分化也遵循了同样的原理。在个体化的、外部受限制的表征中，积极的力量表现得越来越明显。跟过去相比，这些力量似乎更集中：在过去，只要个体与群体是紧密联系着，那些决定群体命运的因素就都分布在群体中，而现在，这些因素却更加凝聚在个体自身之内。

如果活动方式的增多并未与个体存在的凝缩形式相结合起来，那么，就不会出现现代人自我决定的权利。而同时，早期那些关系密切的群体的功能已经大部分转移到了一种更广泛的联系中，也就是转移到了国家中，这样说也并不矛盾。

从实际效果来看，现代国家的生活，包括国家官僚制度、国家的势力以及国家的集权化，都要比过去那些较小的群体集中得多。所有的政治力量都需要联合起来，并且相当集中、完全统一，这是现代国家建立的基础。有一些国家本身就被分成了许多小规模的自治区，这些国家会浪费很多能量。与这些国家相比，自由的分化人格以及现代国家都代表了对力量的凝聚，这种凝聚是别的时期无法企及的。这样，社会能量就获得了这样一种形式：在面对某一特定需要的时候，它都能通过最小的努力而收获最大的成效。

有意思的是，货币以最简明、最凝练的方式表达事物价值，这种方式与上述凝聚力量的历史趋势是一致的。不仅如此，通过与完全不同的领域中许多事情发生联系，货币还进一步证明了这一历史趋势。比如，在枪炮发展的早期阶段，只有拥有货币，才能为战争提供军费开支（pecunia nervus belli）；通过使用金钱，才能从骑士还有市民手里夺得武器，然后才能把武器交到雇佣兵手里。因而，拥有与使用武器就成了有钱人的一种特权。无需证明，机械技术的起源和发展与货币体系的关系如何密切。不过稍后我将说明那些曾给予个人自由的最原始的群体的起源与发展过程，我还会说明国家的发展与货币经济的出现之间所存在的密切关系。

我们可以看到，力量聚集是一种文化发展趋势，这种趋势与价值的货币形式有着许多直接或间接联系。以尽可能简明的方式表示事物的价值，以尽可能凝练的符号表达事物的价值，这就是货币的本质功能，而货币对文化过程的其他部分的所有隐含意义都来自于它的这个本质功能。

传统的看法认为，贮藏价值与转移价值是货币的主要功能。事实上，这只是货币基本功能的粗糙的表现，是第二位的表现。贮藏与转移价值，这种功能显然与货币的材质价值没有内在的联系。不过通过这种功能，以下这一点就变得很明显：货币的本质在于对货币所持有的观念，这种观念远远超越了货币物质符号的意义。货币在价值凝聚方面的角色变化，不仅是通过货币数量的增加而实现的，更是通过将其功能延伸到越来越多的对象上，并以这种方式来整合更加多样的价值来实现的。货币在凝聚价值方面所扮演的角色越是重要，它就越不是那么需要与其物质实体相联结。这是因为，与反映并整合到货币概念中的丰富多样、灵活多变的价值相比，机械单调、僵化死板的物质材质就显得越来越不合时宜。

这一过程或许可以称为货币日益增长的精神化过程，因为这个过程是从多样性中实现统一这么一个精神活动的本质。在可感世界里，事物都是并肩而立的。只有在精神领域里，才能把它们整合起来。概念的诸元素形成了一个统一体，就如一个陈述句的主语与谓语一样。在直接感知现象的世界中，并不存在这样的等价物。

作为连接物质与精神的桥梁，有机体是迈向这种等价物的第一步。互动使有机体的诸元素融合，而有机体也在向着这个无法实现的完美统一不断迈进。然而，只有在精神中，互动变成了真正的整合。交易的互动使得价值在精神上产生了一种统一。在空间上延展的物质实体只是货币的一个符号，因为作为物质实体的存在不连通性，与货币作为互动的抽象表征的本性是矛盾的。只有当货币材质的意义下降时，货币才能成为真正货币，也就是价值中各种互相作用着的要素的真正结合与统一，而这种结合与统一只能靠精神才能实现。

货币价值意义的提升

如果货币的一部分功能可以与货币的材质共同实现，而一部分功能又能独立于货币材质的数量，并且，如果货币价值还因此下降，那么，这并非意味着货币价值的普遍下降，而只是一定量的货币价值的下降。货币价值的普遍下降与一定量的货币价值的下降，这两者并非是一致的。我们几乎可以这么说，如果给定量的货币价值下降，那么货币在总体上的价值反而上升。

因为，只有当货币价值下降及给定量的货币价值降低的时候，货币才能扩散到更广的范围，才能拥有更快的流通速度，才能具有更普遍的实用性，而这些都是保证货币目前功能的必备条件。一定量的货币与一般意义上的货币之间这种相同的关系，在个体意识中较普遍。比如说挥霍的人，他最容易为买东西而买东西。就这点而言，他与金钱并无联系。但同时，他又最依赖一般意义上的金钱。

常言道，只有家财万贯，才能挥金如土，这句话的其中一个意思就指这个。在一个和平时代的环境中，经济生活的节奏相对缓慢，货币的流通速度也相对缓慢。比起在现代城市生活中经济竞争里的货币，给定量的货币价值更高。货币快速流通，使得人们养成了消费与获取的习惯。从心理意义上讲，这就使得一定量的货币所拥有的意义与价值降低，而同时，一般的货币却变得越来越重要。因为比起缺乏活力的生活方式，现在的有关金钱的事务使得人们变得更具活力。

从中我们可以看到一个很普遍的现象，就是说，某事物组成部分的价值下降的程度与该事物整个价值增加的程度相当。比如，社会群体中个体成员的生活和利益的价值评价越低，这个群体的规模和重要性就越高。客观文化及其丰富、活跃的内容通过劳动分工达到了最高峰，而就是在这种文化中，劳动分工却贬低了个人代表与个体参与者，使得他们进入一种单调的专业领域，使得他们变得狭隘，阻碍他们的发展。个体越是成为不和谐的存在体，整体却越是完美、和谐。在非个人的事物中也存在着同样的现象。某些诗歌感觉起来很完美，拥有经久不衰的魅力，是因为个别没有独立意义的单词，是它们为整首诗的主导情绪与艺术目的服务。它们只能拥有表达整首诗的中心主题的意思，单词的所有其他意义，以及通过单词所能产生的所有其他联想，都要被排除在外。诗中的个别元素在什么样的程度上失去了自身的意义，整首诗就能在什么样的程度上达到艺术上的完美。

最后，我再举个浅显的例子。每一个单片马赛克[①]的面积越小，马赛克产品的价格及其美学价值就越高。如果单片的马赛克所占面积极小，其自身重要性越小，整个马赛克的色彩就会显得细致入微，非常引人注目。

在价值评判领域，整体和部分的价值会呈反比，这并不稀奇。它不是一种偶然，而表达了一种因果联系。与几个世纪以前相比，一定量的货币的价值降低了，而这是总体货币的意义大幅增长的直接前提。反过来，这个前提本身又依赖于与其材质价值相对立的货币功能价值的增长。这些在总体货币的例子中显而易见，各种派生现象中也同样如此。比如，教会教义贬斥高利贷，加上物物交换经济一般条件的限制，当时有息借贷很少见。但只要存在有息借贷，借贷的利息率就会高得惊人。在经济生活中，随着利息的重要性的逐步增长，利息率也在稳定地下降。

有人认为，在货币从物质实体到功能的转变过程中，货币变得“没有价值”了，就像一个人被抽走了灵魂一样。从理论上看这种观点是大错特错。因为它忽略了最主要的一点，那就是，货币材质虽消融到货币的各种功能中去了，但是货币材质本身就具有价值，在金属货币的这种情况中，货币所获得的这种功能价值是一种补充价值，而在符号货币的情况中，这就是唯一的价值。

毫无疑问，这就是一种真实的价值。就好比一辆火车，它的运输

---

① Mosaic，建筑专业名词为锦砖，是一种装饰艺术，通常使用许多小石块或有色玻璃碎片拼成图案，也指现行广为使用的一种图像（视频）处理手段，此手段将影像特定区域的色阶细节劣化并造成色块打乱的效果，因为这种模糊看上去有一个个的小格子组成，便形象地称这种画面为马赛克。

功能的价值就超过了制造这辆火车所耗费的材质的价值。诚然，货币最初之所以能够行使功能，是因为它具有内在的价值。但是随后，货币之所以能拥有价值，是因为它在发挥着这些功能。认为货币的价值就等于货币的材质价值，就相当于是认为火车的价值等于制造火车所耗费的钢铁加上人力价值。火车与货币的这种类比，似乎从事实上否证了货币功能会产生一种特别的价值的这样一种假设。火车的价格（在这里我们没有必要区分价格与价值）事实上就是耗费在火车上的材质价值与人力价值之和。

像货币一样，火车也引发了物品交换，而这种交换只不过是火车的价值被衡量的原因而已。它的实际价值并不依赖于这一事实。同理还有很多物品，它们之所以拥有市场价格是因为它们具有某些效用，但是它们的实际市场价格水平还要由其他许多因素来决定。物品的效用为物品的价格设置了一个范围，使得物品的价格不会超出这个范围继续增长，但是它并不能真正影响或决定实际的价格水平。

如果这种类比成立，那么，货币的价值似乎从它的功能又一次回到了材质上。然而，这种类比在某一个关键点上是不成立的。火车的价格之所以能由其耗费的材料与人力来决定，那是因为任何人都有权制造火车这一事实。此外，火车是个概念，离开这个概念，仅有人工和材料并不能制造出火车，但是火车这个概念本身并不能影响价格的形成。如果说，制造火车是一个专利，那么，火车的价值再加上材质和人工的价值，就会表现为一个更高的价格。一旦一个概念变成公共财产，在实践中对这种概念的实现就不再是“稀缺”的事，而只有这种稀缺才能影响价格，才能使物品具有功能性的特殊意义。在货币的例子中，有些东西的性质与专利是一样的，那就是政府的铸币权，它禁止未授权的人将货币的概念转变成实际的存在。

货币的“稀缺性”是建立在这种政府垄断的基础上的。对于贵重金属，这种垄断有一定的限度，但是，对于纸币或硬币，这种垄断是完完全全的。

中国的一个法律条文很完整地表现了政府的这种严格的、独具特色的垄断。这条法律规定：惩治伪造货币者，而使用纯正的贵重金属伪造货币的人比使用较差材质的人会受到更严重的惩罚。用纯正的贵重金属伪造货币，这就意味着与政府进行了更不合时宜的竞争，也更严重地侵犯了政府的特权。如果人人都有权铸币，钱币的价值就只能等于钱币的材质与人工价值之和，垄断的好处也将不复存在。

因此，人种学家已经注意到，在人人都能铸币的时候，富人与酋长的权力地位最容易受到威胁，就像在使用贝壳作为货币的时候一样。反过来说，其实任何拥有货币的人都在分享国家铸币的特权，就像购买了专利产品的人都在分享着发明者的专利一样。中央保留着铸币的特权，这就保证了货币作为货币行使其功能，还因为货币拥有了这些功能，使得货币除了原来的材质价值与人力价值，还拥有了一个额外的价值。或者说，如果货币原本并没有材质价值或者人力价值，那这些功能就使得货币拥有了本身的价值。在这方面，罗马有一条法律很有特点。

历史上，铸造的钱币后来是取代了按重量计算的青铜货币。而从那时起，罗马的法律就规定，不管这些钱币是什么材料铸造的，人们都必须按照钱币上的面值来接受它们，使用它们。这种将货币从其金属材质上独立出来的行为还需要政府作出进一步的规定，那就是只有这些钱币才能被认为是货币，而所有其他的钱币都只能被当成一种商品。只有持有与这种特殊钱币的债券或汇票，人们才能以货币的名义来讨债；而对所有其他的债务行为，就像对待商品债务一样，只能以与那种货币面值无关的实际价值（quanti ca res est）的名义来支付。这就意味着，其他钱币的价值不再是货币价值，而只是一种材质的价值，因为货币的功能是法定钱币所专有的。

因此，法定钱币就获得了一种价值，而其他的钱币就只能通过其材质来获得这种价值。法定钱币使得它独立于任何内在的价值，并使得它的价值变得合法。就像一个夸脱度量器拥有经济价值，并不是因为它是材料，或者是劳动产品，而是因为它可以用来度量。如果它在自身以外无任何用处的话，就没有人会需要它。同样，货币具有价值是因为它发挥着度量及其他一些功能。

这种价值只能以货币的方式来表达，使得与夸脱度量器相比，货币更难以得到承认，因为夸脱度量器可以以其自身以外的方式进行度量。货币的功能决定了它的“使用价值”，这种“使用价值”又必须通过其“交换价值”才能合适地表达出来。货币的“效用价值”依赖于政府对铸币的垄断，包括通过这种垄断所产生的“稀缺价值”。

关于货币具有材质价值的货币理论与知识的一般趋势相对立。在知识发展趋势中，事物的意义在本源（terminus a quo）与目的（terminus ad quem）之间交换了位置。货币拥有价值不在于它本身是什么，而在于它为之服务的最终目的。尽管原始货币的内在价值使货币具有其功能成为可能，但是货币最终还是通过了其功能而获得了自身的价值，并且，货币在一种更高的程度上获得了它在初级阶段所放弃的东西。

在我之前描述的发展中，货币会逐渐发展到这样一个程度：作为一个纯粹的符号，它完全被其交换和度量功能所同化。在思想史上，也有过许多类似的例子。由于我们对现象所持有的原始、质朴的兴趣，我们通常会将这些现象看作未分化的整体。

首次在我们面前出现时，这些现象的形式和内容是统一的。我们对现象进行评价。如果这种评价是与它的形式是联系在一起的，那是因为这种形式是特殊内容所具有的形式；如果这种评价是和它的内容联系在一起的，那就是因为这种内容是特殊形式所包含的内容。在发展的较高级的阶段，这些要素就被分离开了，作为纯粹形式的功能就以特别方式受到了重视。这些形式的不同内容通常被认为是互不关联的。

因此，比如在宗教中，我们欣赏宗教情感，但是我们并不关心宗教信条的实际内容。在各种不同的历史信仰中，都有所谓灵魂的提升、奋进与慰藉的存在，我们相信这是有价值的。同理，展示一种力量通常都能得到尊敬，但是这种力量能带来的结果并不吃香。因此，美学兴趣发展到更为精致，它越来越关注艺术品中纯艺术的方面，越来越关注最广泛意义上的艺术形式，而越来越不关注艺术品的材料。也就是说，这种兴趣开始转向艺术品的主题与最初激发艺术创作的那种情感。将这种情感升华、客观化，这就是同时存在于艺术的生产与消费中的美学功能。

以同样的方式，我们将认知看作心灵的形式化的功能，不管所认知的对象与结果是令人满意，还是让人厌恶，不管它们是有用的，还是仅仅是一种理想，认知都反映了外部的世界。这种在价值情感方面的分化还有另一重要方面。现代自然主义精神的演变倾向于颠覆普遍性的概念，强调个别的事例是概念的合法内容。

在理论和实践上，普遍的概念只是某种纯粹抽象的东西，它们只有在其具体的物质表现者身上才具有意义，这些物质表现者是可以具体感知的实例。通过对这些具体实例的超越，人们似乎进入了虚无的世界。

普遍事物的意义在柏拉图时期达到了顶峰，但是在现在，普遍事物的意义也未完全消失。在个体事物的物质现实性与其形式的普遍性的深度与广度之间，我们的世界观的每一个方面都应该达到调和，只有这样，我们才能在与世界的关系中获得满意的结果。

历史主义与社会学世界观都试图肯定事物的普遍性，同时又否定其抽象性；试图超越个例，试图从普遍中抽取个例，同时又不牺牲个别事物的物质现实性。因为社会是普遍的，但不是抽象的。

这里，不同于内容评价的功能评价拥有着一定的地位。在功能与功能所效力的目的的关系中，功能是普遍的。相比于特定的宗教信条的内容，宗教情感是普遍的；相对于任何一个特殊的对象，认知是普遍的；力量经常以同样的方式作用于具体千变万化的问题，相对于这些问题，力量是普遍的。所有的这些都是形式与框架，它们结合起来组成了物质的多样性。货币的功能是普遍的，但不是抽象的。当货币的价值度量功能独立于货币的材质，开始转移到货币的功能上的时候，货币似乎也加入了这个同样的趋势。

货币度量价值，首先关注的是正在行使特殊功能的物质实体，但是现在，这个度量过程渐渐分化。当货币开始用于度量贵重金属的价值的时候，货币就超越了与其联系着的特殊的物质实体，获得了自身特殊的价值。货币是交换的媒介，是价值的衡量标准，这就是货币为我们的存在形式。通过这种形式，一种金属就得以最终转变成货币，就像通过将自身融合到宗教情感中，关于超自然的观念就最终转变成为宗教一样，就像通过艺术创造所赋予的形式（这种形式只是艺术功能的一种表达），大理石最终转变成了艺术品一样。

经过加工，原始事物的意义就消解了功能的混合，使得每一个功能都能发展成为独立的价值。诚然，货币的功能价值仍然需要得到表达。但是，关键的一点是，它的价值不再在于它表征着什么；相反，它所表征的事物已经成为次要的了，除了在技术角度上的重要性，它在本质上并无重要性可言，而这种技术角度上的重要性并不影响它的价值。

综合卷

生活方式

第一节

货币经济产生的理性功能优于感性功能

我们在调查中经常提到，理智力（intellectual energy）是货币经济这种特殊现象产生的心理力量，与那些一般被称为感情或感性的力量相反，后者在货币经济尚不发达的时期和领域里很普遍。首先，这是货币作为手段的后果。像货币这样的手段都意味着现实的各种条件和关联融入到了我们的意志过程中。而这种融合过程之所以可能，正是因为我们对现实的因果关系有着客观的认识，并且，我们有着能够统观全局的头脑，它能从每一个起点就控制达成目标的最合适手段。

然而，虽然理智对这些合适手段了解得非常清楚，它却不能使这些手段成为现实。因为要使手段发挥作用就要建立目标，只有与目标相关了，现实的力量和条件才能成为手段。而且，目标只能由意志行为创造。

在客观世界，有意志才有目标，理智世界里同样如此。理智只不过是对世界内容或完美或不完美的反映。意志是盲目的，这一说法正确，但却经常被误解。意志的盲目与霍德[①]或基克洛普斯[②]随意胡乱冲撞的那种盲目不一样。从理性的价值观念来看，意志不会产生任何不理性的东西。而且，意志不会对任何事物起作用，除非意志具有某些与它本身完全不一样的内容。因为意志本身不过是各种组成生活内容的心理形式（比如存在、责任或希望）中的一种。意志属于这些范畴——这些范畴可以通过肌肉或者神经反应得到心理的实现。

通过这些范畴，我们充分理解了纯理念的世界内容，从而给予它们一种实践意义。正如意志——它不过是形式在获得了某种程度的独立后的名字而已——不会自主地选择任何明确的内容，所以世界内容的纯粹意识，即从理性角度来说的纯粹意识，也不会产生任何目的。世界内容是完全中性的，但意志会强调这些内容的这一点还是那一点，则不可预期。一旦出现这种情况，你就会发现意志以纯逻辑的以及客观的方式，变成了其他的观念，这些观念与以前的意志有因果联系，现在则成为了达到“最后目的”的手段。

不论理智将我们带向哪里，我们都要完全依赖它，因为只有理智才能引导我们穿越事物之间的现实联系。理智是一个中介，意志通过理智这一中介调整自己以适应客观世界。如果我们想出一套严格的有关计算手段的观念，并遵循这套观念，那当我们以这种态度行事时，我们就变成了纯理论上的、完全非实际的存在。意志伴随着我们的一系列的想法，就像风琴的低音或者某领域里的一般先决条件，这些先决条件不会干预这一领域的特殊情况和条件，但它而且只有它能够给

① 霍德（Hodhr）：欧神话中的盲目之神，是最高的神沃丹（Odin）的儿子，受另外一个神的欺骗，杀死了自己的孪生哥哥光神（Balder）。

② 基克洛普斯（Cyclops）：希腊神话中的独眼巨人。

这一领域带来生活和现实。

因此，组成我们活动内容的手段，它的数量的多少以及序列的长度与作为客观世界秩序的主观反映的理智性成比例发展。因为每一种诸如此类的手段是完全中立的，所以实践中所有的感性价值都与目的相连，与行为的关键点相连，而这个行为关键点一旦达成不再影响我们的活动，而是影响我们心灵的感受能力。

现实生活中，这种目的越多，感性作用与理性作用的联系就越紧密。报纸经常报道的原始人的冲动和感情用事可能与它们的目的序列较短有关。他们的生活工作没把生活的组成部分结合起来，而这种结合在高级文明里很普遍，即一种“职业”贯穿全部生活。

原始人的活动是由简单的兴趣序列组成的，只需要相对较少的手段就可以实现这些兴趣序列。其中，努力直接获得食物是一个重要因素，而在高级文明里，这一因素却变成了连续的、多方面相连的目的。在这种情况下，最终目的的概念和愉悦就相对普遍，理智型，也就是对客观条件和现实的意识，不像情绪那样经常起作用，情绪是最终目的的直接观念和真正表现出来的特色。即使在中世纪，可以满足目的的具体地方都比现在多得多。那是因为在中世纪，为满足个人需求生产而建立了各种手工作坊，还有，特别是由于教堂，社会联系变得多样化和紧密化。

如今，需要许多的拐弯抹角的方法和准备才能得到某一刻的满足，而那一刻的目标通常又超出了那一刻，甚至超出了个人的视野。序列的延长是由货币带来的。因为货币为其他不相关的序列创造了普遍的中心兴趣，这样不同的序列之间就相互联系起来了，所以一种序列可以变成另一种客观上并不相关的序列的准备（比如，一种序列的金钱收益连同整个序列本身，都会作为为另一序列的基础，为其提供资金）。

然而，问题的症结在于前面我们已经提到的个普遍事实，那就是金钱被看成目的，而无数本身是目的的事物却降格为纯粹的手段。但是因为金钱本身是一个无处不在的手段，这样我们生存的各种因素就放在了一个无所不包的目的论的联系体里，在这个联系体里没有哪个存在的因素是第一位或最后一位。而且，因为金钱用严酷的客观性衡量所有对象，又因为这样衡量出的价值标准决定了该对象与其他对象的关系，所以就出现了一张由生活中的客观的和个人的方面组成的关系网，类似于紧密联系又有着严格因果关系的自然宇宙。这张网由无孔不入的金钱价值连接在一起，就像自然是由赋予事物生命的能量组成的一样。

如同金钱，能量以无数的形式出现，但是其本质的统一性以及变成其他任何形式的可能性，使各种形式联系在一起，使任何一种形式成为另一种形式的条件。

在对自然过程的解释里，任何不偏向于情感的解释已经不复存在了，取而代之的是客观的理智的解释。与此相同的是，我们实际生活里的对象和联系，由于它们组成了不断交互联系的序列，也就排除了情感的干预。情感纯粹变成了理智的对象，只在目的论的最终点出现。

生活的组成因素逐渐变成手段，以前满足于自主目的的序列与由相对因素组成的复杂体之间的相互关联，这不仅仅是实际生活中对自然的因果关系逐渐了解的结果，还是自然的绝对事物变成相对事物的结果。因为从目前看，手段的整个结构是一种因果联系，所以对理智力来说现实世界成了一个越来越难的问题。更准确地说，可想到的行为被变成了主客观上能推算出的理性关系，这样一来，就逐渐消除了依附于生活转折点以及最终目的之上的情感反应和决定。

生活方式的无特征和客观性

理智在生活中的意义以及金钱在生活中的意义，这两者之间的关系标志着这两者占主导地位的时代和范围的特色。首先是以一种负面的方式做到的：特色的缺乏。如果特色总是意味着人或物明确地处于某种区别于他者并排除他者的生存模式下，那么理智力就不可能受这些因素影响。因为理智是反映现实的中立的镜子。现实里所有组成因素享有平等的权利，因为它们的权利就是它们的存在。

可以肯定的是，人们的理智力有不同的特征，但是严格来讲，理智力的不同，只是程度不同——或深或浅，或宽或窄，或者只是因为它们增加了不同的心里力量，如情感或意志。理智力，作为纯粹的概念，完全缺乏特色，不是说缺少某些必要的性质，而是说它的存在完全没有一些决定特征的有选择性的片面性。

显然，货币也缺乏特色。正如金钱本质上是事物相对价值的机械反映，对每个人都同样重要，所以在金钱交易里，人人等价，不是因为人人都有价值而是因为除了金钱外谁都没有价值。然而，理智力和金钱这二者特色的缺失却超越了这种纯粹的负面效果。

我们要求——也许不是一直刚好如此——所有事物都有明确的特征，我们讨厌那些纯理论上的人，因为他们懂得所有的事情，他们易于宽容每一件事物：客观性当然适合上帝但从不适合人，因为人处在其本质和社会角色的明显冲突中。

因此我们讨厌货币经济，它提供了它一种核心价值，该价值百依百顺地为最卑鄙的诡计服务。即使高尚的企业和最卑鄙的企业得到同样的利益，也弥补不了这一错误。相反，这很好地说明了一系列的金钱运作和我们的高级价值观念之间的关系完全是偶然的，用这一个衡量另一个是没有意义的。现代情感生活平淡乏味与以前的坦率粗犷形成鲜明对比：本质和地位不一样的人在理智上可以很容易地相互理解（甚至像但丁这样智力超群、沉迷于理论学习的人也会说：回答某些理论家对手，要用刀子而不是论据）；调和之风，产生于最初的对内心生活基本问题的漠不关心，最后上升到了关注世界和平，内心生活的基本问题的最高层次是灵魂救赎问题，理智解决不了；而世界和平问题在自由主义圈子——理智主义和金钱交易的历史性代表——很受欢迎。以上这些都是无特征这一负面特点的正面后果。这种无特色变成了金钱交易达到最高点时工作活动的特色。

现代城市里有大量的职业，比如某类的代理人和经纪人，以及大城市里所有类型的不确定的谋生手段，这些职业都没有任何客观趋势和工作确定性。对从事这些职业的人来说，经济生活——他们的一系列目的织成的网，除了赚钱外没有其他实质性的内容。

金钱，这个纯粹的实体，对人们来说就是个固定点，他们的活动不受范围限制围绕它循环。这是一种特殊的“无技巧的劳动”，相比其他通常被称为无技巧的劳动相比，它还是比较有技巧的。后面这种劳动纯粹是体力活，需要用到的力气远远比表现这种工作的形式要重要。然而，这种工作，即使在最底层的劳动力里，还保留着特有的特征，如果没有这种特征，英国近来组织工人加入工会的尝试就不可能。

那些追求各种不同赚钱方式的人，生活中缺乏先决的特征，比银行家要缺乏得多。对银行家来说，金钱不只是最终目的，还是他工作的原材料。

金钱本身可以带来特殊的既定指导、特殊的利益和某种特殊的职业特征。但是在那些很难糊口的谋生手段里，追求金钱这个最好总目标的道路已经偏离了现实的统一或关系。

作为最终目的的金钱，在消除各种活动和利益差别的过程中，受到的抵抗很微小。确定性和特征，这些可能影响性格的因素在经济活动中消失了。显然，这种谋生手段能成功或者成为可能，只有有了被称为“精明”的超凡的理智力。把理智力说成是“精明”的，这就意味着使精明从客观或理性的规范的确定性中解脱出来，完全服从于相关的个人利益。如人们想的那样，特别是无依无靠的人都受雇于这些“职业”——缺少职业性存在的工作，而职业性存在又是人与生活内容的固定的观念上的联系——他们也同样被质疑不可靠。甚至在印度，代理人和经纪人的名字有时已经成为那些“靠欺骗同类为生”的人的代名词。一些住在城市里的人其唯一目标就是用各种可能的手段赚钱，因此他们更需要理智这个普遍的工具，因为他们不需要专业知识。这些人形了不稳定的人的主要团体，很难给这些人下结论。因为他们的流动性和多样才能使他们免于在任何情况下被约束。这种现象的前提是金钱和理智力都拥有中立和无特色这个共同特征。这种现象只有在这两种因素共存的情况下才会发展。

理智和金钱的双重角色：关于它们超越个体的内容

现代经济不讲怜悯以及强烈的冲突都是货币经济这些特征的明显反例，因为金钱本身的直接利益导致了这些冲突。出现这一现象，不仅是因为冲突发生在一个客观的领域里，在这个领域里，人的重要性不但取决于他的性格，还取决于他体现了某种特殊客观经济潜力，而且在这个领域里今天的死对手明天就是盟友。

相反，重要的是，一个领域里制定的规则也许与该领域之外有效的规则完全不同，但尽管如此，前者还是受后者影响。比如，一种宗教在其教义的范围里布道宣讲和平的福音，却在生活的其他领域非常好斗；对教友友爱，却又残忍地对待异教徒。

同样，一个人可能受到他的人生哲学相对的情感和想法的激发，得到他原本没有的东西。根据艺术本身的规范和文艺思想，艺术运动可能是彻底的自然主义，并直接联系自然，其目的在于再现艺术。然而对现实表象的忠诚，以及反映现实的艺术努力，代表着生活系统里绝对理想的时刻，与生活的其他组成部分相比，它远远超越了任何自然主义的现实。理论—逻辑争论里的尖锐对立并不影响理智力内在的调解原则，因为只要争论从情感的对立、意志的对立、或者基于感性无法被证明的真理的对立转移到理论讨论，那原则上就可以解决争论。

同样地，货币经济中的利益冲突不会影响把冲突置于个人之上的中立原则，并最终提供相互理解的基础。当然纯理性主义地对待人和物有点冷酷无情。但这不是正面的推动因素，而只是因为纯逻辑不受尊敬、仁慈和温柔的情感影响的结果。也正因为如此，只对金钱感兴趣的人不能够理解为什么人们会指责他冷酷无情，因为他觉得他的行为符合逻辑，完全公正，并且没有任何坏的意图。我们要牢记在心的是，我们与之打交道的金钱是经济交易的形式，出于不同实质性目的，经济交易的形式可能会有大相径庭的特征。如果不考虑理智加剧冲突和金钱经济强化矛盾的后果，生活就不再取决于特征的特殊性。这个事实可以看作是生活方式的客观性。这不是加给理智的特点，而就是理智自身的本质。

理智是人唯一可以掌握的方式，人可以凭借理智，不受主观的任意武断理解人和物的关系。我们甚至可以假设整个客观现实取决于我们的思想功能，我们仍然把理智力当作我们的思想功能。通过这些功能，现实对我们来说是客观的——就客观这个词的特殊意义而言，而不管理智力本身会受到其他力量的激活和指导。最好的例子要数斯宾诺莎①，在他的哲学里我们看到了最客观地看待世界的态度；要求内心的每一个细微的活动与不可避免地存在相协调；不允许个人的不确定性破坏世界统一的逻辑—数学结构。

世界的观念和规范纯粹起着理智力的功能。这种世界观就是世界本身建立在对事物主观认识的基础上，它对世界的理解能满足世界的

---

① 斯宾诺莎（Baruch Spinoza，1632—1677）荷兰哲学家。后改名为贝内迪特·斯宾诺莎（Benedictus Spinoza）西方近代哲学史重要的理性主义者，一元论者或泛神论者。他提出以实体、属性与样式为中心的自因论唯物主义世界观，具有一定的唯物主义观点，并披上泛神论的外衣，同时又具有丰富的辩证法因素。强调自然界的一切都是必然的，主张“必然性的认识”就是自由。认为感性知识不可靠，只有通过理性的直觉与推理才能得到真正可靠的知识，是唯物主义唯理论的主要代表之一。

要求。这种基于深刻的宗教感觉上的理智力本身，是一种对事物基础的完全超理论的关系，而这些事物基础从没有介入到自我的理智过程中。一般来讲，印度人表现出同样的混合关系。

据说，从古至今，印度农民都可以不受交战中的军队或者敌方的干扰去耕地。因为农民是“朋友和敌人的共同恩人”。显然，这是客观对待实际事务的极端例子。看自然的主观冲动似乎被完全消除了，成为的是有利于关注客观重要事件的实践活动。行为的差异只是客观的权宜之计，而不是个人的冲动。但是印度这个民族完全适应了理智力。

在严格的逻辑里，对世界的深思熟虑里，甚至是在最宏伟的幻想和最高的道德理想所体现的严苛的理智力里，印度在所有时代都超过了其他国家；但是在温暖的感性和意志力方面，印度就逊于其他国家。印度变成了世界进程的纯观察者和有逻辑思维的设计者。之所以这样是因为情感的决断，因为遭受着巨大的痛苦，并从这痛苦衍生出了对宇宙必然性的形而上学的宗教情感。因为不管在情感领域，还是在把痛苦转变成有活力的生命实践里，个体都无法解决这个问题。

生活条件的客观性本身同样是它们与金钱相关的结果。前面我提到了，为什么比起以前无差别的人的主观性，贸易是个相当大的进步。如今在非洲和密克罗尼西亚，还有人不知道除了偷盗和赠送之外还有其他所有权的变更形式。

然而，正如对很多高级文明里的人来说，客观利益既伴有利己主义和利他主义（道德仍把人类动机限制在这两种选择里）的主观冲动，又超越了这两种冲动。正如奉献和承诺这种利益与人类主体之间的关系无关，却与客观私利和想法有关一样，根据客观公正公平原则，交换演变成了所有权的交换，超越了偷窃的利己主义冲动，也没有了赠送的利他主义冲动。

金钱体现了交换活动的客观性，就像金钱在单纯的变更和独立的化身里同样体现了客观性。因为金钱不具有被交换个体物品的特殊特征，所以本质上金钱对任何主观的经济因素都没有偏见。相似的是，理论规律代表了自然事物的独立客观性，相对于客观性，每一个个体情况看起来都是偶然的——是人的主观性的对应物。

虽然事实上，不同的人和金钱的关系不同，但它还是说明了金钱完全独立于任何主观特殊性之外。

金钱和其他重要的历史力量共同拥有这一特征，这些历史力量就像一个很大的湖，人可以从任何一边根据手边容器的形状和大小取水。人类交互作用的客观性——这种客观性只是最初由主观力量提供的材料的一种形式，到最后有了独立存在性和规范，在纯粹的金钱经济利益中找到了最好的表达方式。无论卖出的是什么东西，最后得到这个东西的人就是出价最高的人，而不管他是谁，他做什么。当其他等价因素起作用，当出于荣誉、服务或者感激出让财产时，就要考虑接受者的性格。相反，当我用钱买东西时，我从谁那买、我想买什么以及它值不值那个价都无关紧要了。

但是，一个人买东西，不管是付出了服务还是做出了内在或外在的个人承诺，那他已经认真地考察了与他交易的那个人，因为除了钱我们不希望把属于我们的东西给别人。银行票据上的声明有这样的作用：持有者“无需身份验证”就可以付款，这典型地说明了金钱交易运作里的绝对客观性。在这个领域里，在比印度人更情绪化的人中间，对应的情况是印度农民可以免于参战。

在一些美洲印第安部落里，贸易商可以自由地在与他所在部落交战的部落里来往。金钱把人的行为和关系置身于主体的人之外，就像精神生活——就它是纯理智的意义而言——从个体主体性抽离出来，进入了它唯一反映的客观性的领域里。这显然暗示了一种优越性的关系。就像有钱人比有商品的人优越一样，所以理智的人比感性、冲动的人更强有力。无论后者作为完整的人多有价值，即使他的力量最后超越了前者，但比起前者理智的人，他更片面、更容易受影响、更容易有偏见。他不像纯理智的人那样能够纵观全局，能够无限可能地使用所有的实践手段。正是因为客观性，金钱和理智力才对其他生活内容有优势，而正是这种优势促使孔德①在他自己的乌托邦国家里，把银行家放在了政府的最前面，因为银行家组成了有着普遍抽象功能的阶级。这种相互关系在中世纪就依稀可辨了，当时工人协会里管理财产的同时也是协会的头头。

理智和金钱的双重角色：关于它们个人主义和利己主义的功能

对于理智力和货币经济的共同关系，即建立在它们共有的客观性和不确定性特征的基础上的关系，关于这种关系的解释可能会受到反对论据的有力挑战。理智内在的内容除了有非个人（impersonal）的客观性外，在理智、个人以及整个个人主义原则之间还存在着极其密切的关系。无论金钱如何把行为的冲动主观模式变成超越个体的客观规范模式，它仍然还是滋生经济个人主义和利己主义的温床。这里我

① 孔德（Comte Auguste，1798—1857）法国实证主义哲学家，社会学家，西方社会学的创始人。

们面临的是概念的模糊性和复杂性，必须要对二者加以分辨清楚，以便理解它们所表现的生活方式。如果可以把理智和金钱的内容、它们的本质客观内容和它们的功能（或者换句话说，它们的用处）区分开来的话，那理智和金钱的双重角色就很清楚了。

首先，理智有齐平，或者可以说共产主义的特征。第一，因为理智内容的本质在于，理智是可以普遍交流的，如果以理智的正确性为前提，每一个充分受到训练的头脑都可以被它说服。在意志和感情的领域里则没有类似的情况。第二，在理智里，内心相同状态的每一次传递都取决于个人已有的思维模式，并有条件地屈服于强迫情况。在意志和情感里，则不会这样，至少原则上没有这样的证据，被理智用来在公众间广泛地传播同样的信念。第三，学习能力只属于理智，这意味着每个人和其他人水平都一样，除了某些非常偶然而复杂的情况之外，理智没有嫉妒所有的排他性，而这在实际生活内容里很普遍。某些情感，比如涉及亲密个体关系的情感，如果其他人有权分享的话，就完全失去了意义和价值。一方面，对意志的某些目标很关键的是：要排斥其他人，其他人不能追求也不能拥有这些目标。另一方面，有人说得很对，理论上的观念像火炬一样，它的光亮不会因点燃其他火炬而越来越弱。因为理论观点潜在的无尽的传播不会影响它们自身的重要性，它们比其他生活内容更排斥所有权。最后，原则上，理论知识以这样一种方式呈现出来，在吸收理论内容过程中，它们排除一切的个人的偶然情况。我们不可能以这样一种清楚明白的方式将情感变化和意志的力量表示出来，以便任何时候都可以回头查阅它们，并利用它们的客观结构不断地复制相同的内心过程。相反，只有在理智里，我们才拥有这样充分的相对不受个人地位影响的手段，这个手段就是语言，它通过观念和逻辑联系不断发展。

但是一旦真正的历史力量开始引导抽象的客观性和可能性，理智力的重要性就会朝着一个完全不一样的方向发展。正是因为知识的普遍有效性、强迫性和不可逆转性带来的后果，智力才会成为代表知识的有力武器。一个人如果天性不容易受影响，那么他就可以抵抗占优势的意志。他也可以靠一味地说“我不想”逃避占优势的逻辑，但这意味着他承认自已占劣势。而且，人每天为生存财产进行的斗争取决于某种智力手段，虽然伟大的决定都是由那些超理智的人做的。占优势的智力之所以有影响力是因为它有着共产主义特色的属性，因为就内容来说，智力是普遍有效的，到处都有效，都能够被识别出来。

比起其他个人财产，个人理智天赋的数量有绝对的优势，其他个人财产因为其个体性，在这个现实世界不能广泛使用，也找不到属于它的领域。正是在人人平等的基础上，个体的差异才能够得到充分发展和利用。因为人与人关系的纯理性观念和结构，忽略了意志和情感所强调的不理智，辨别不出个体间的先验差异，所以它们很少有理由去减少经验差异。但是只要经常有社会责任感和爱与怜惜的感觉，减少经验差异马上就能做到。这就是理性主义的世界观（这个世界观像金钱一样中立，并接近社会主义生活形象）拥护个人主义，大肆宣扬个性。

据一种普遍但不深刻的观点看，在实践和理论上，自我是人生存的明显基础，是无穷的重要兴趣之所在。任何无私的动机看起来都不是自然而然、土生土长的，而是处于第二位的、人为移植的。结果，只有自利行为才被认为是真诚和合逻辑的。所有奉献和自我牺牲的行为看来都是感性和意志不理性的后果，所以超理性的人讽刺这些行为是不理智的后果，声称这些行为后面藏着个人主义。

这当然是错的，因为利己主义意志和利他主义意志同样是意志，纯理性的想法也只能得出很少的利己主义意志。相反，正如我们看到的，理智可以为这两种意志提供方法。

对理智来说，为实际目标去选择和实现哪种意志都无关紧要。虽然纯理智力和实际的个人主义相互联系这一观点仍然被广泛接受，它可能有某种现实基础，如果不是基于直接的逻辑方式，就是基于间接的心理方式。

不仅道德上真正的个人主义，而且连社会上的个人主义看起来都是理智直接的结果。任何一种建立新的超越个人成分的生活团体的集体主义，对理智而言，却包含了难解的神秘因素，因此这样的集体主义不能被看成是个体成员相加的结果，就像有机组织的生命统一体一样，理智力不能把它看成是由各部分简单相加组成的机体。

因此18世纪在革命中发展到顶点的理性主义与严格的个人主义相连，而只有从赫尔德[①]到浪漫主义者这些理性主义的反对者，才承认生活中超个体的情感潜力，因此同样承认超个体的集体主义是统一体和历史现实。理智力的普遍性对每个人的理智都起作用，使社会原子化。通过理智的手段，并从理智的角度去看，每个人都是一个密封的自给自足的组成部分，依靠着其他每个人。这种抽象的普遍性没有分解为具体的普遍性，但只有在具体的普遍性里，个体的人才能和其他人组成一个统一体。理论知识不能不传递给别人，而某些情感和意

---

① 赫尔德（Herder, Johann Gottfried von, 1744—1803）一位极具影响力的德国哲学家、文学评论家、历史学者及信义会神学家。他在德国18世纪文学复兴扮演极为重要的角色，同时他也影响了「狂飙及跃进时代」（Sturm und Drang）的兴起和浪漫主义文学。赫尔德被认为是德国浪漫主义的先驱，其史学思想则影响了20世纪历史学家布列锡格、史宾格勒等人的历史观点。

志却可以。理论知识的可接近性和反思性的后果直接抵消了它的实际结果。

首先，正是因为知识的普遍可接近性，独立于个人能力之外的因素就决定了知识的实际运用情况。这就导致了大多数“不聪明”的受过教育的人比起最聪明的无产阶级要有优势得多。对教育资料感兴趣的人来说，得到它的可能性是一样的，在现实中，这种平等简直是个讽刺。符合自由主义的其他自由也同样如此，虽然这些自由不妨碍个人获得任何好处，但实际上，这些自由却忽视了只有那些有这样那样特权的人才有可能获得好处的这个事实。因为就像教育内容，尽管或者由于它是普遍可得到的，它却可以最终通过个人活动得到。但它导致了最难以理解最受诟病的贵族统治，产生了高等人和低等人的分别，要消除这些既不能（像消除经济社会差异那样）靠法律和革命，也不能靠相关人士的良好愿望。

因此，耶稣对年轻的富人说：“把你的财富分给穷人吧”，这还适合，说“把你接受的教育分给穷人吧”，那就不合适了。没有哪一种优势像教育优势一样，让地位低下的人感觉如此受歧视，在优势面前感觉如此无助。正因为如此，实现事实上的平等的努力常常以各种形式嘲笑理性教育。从佛教、犬儒主义①和基督教的某些流派，到罗伯

① 犬儒主义：犬儒主义学派是古希腊四大学派之一，（犬儒主义学派，斯多亚学派，伊壁鸠鲁学派，新柏拉图学派）一般认为是苏格拉底的弟子安提斯泰尼创立的，另一人物第欧根尼（公元前 404—公元前 323）则因为住在木桶里的怪异行为而成为更有名的犬儒主义者。其主要教条是，人要摆脱世俗的利益而追求唯一值得拥有的善。犬儒学者相信，真正的幸福并不是建立在稍纵即逝的外部环境的优势。每人都可以获得幸福，而且一旦拥有，就绝对不会再失去。人无需担心自己的健康，也不必担心别人的痛苦。犬儒学派对之后的斯多噶学派产生了深远的影响。

斯皮尔的 ‘nous n’avons pas besoin de savants’（我们不需要知识），都是这样。

而且，一个很重要的事实就是，在说话和写作中巩固知识——抽象地看，是知识共产主义本质的表现——使累积知识和强调知识的重要性成为可能，这样就加深了高等人和低等人之间的鸿沟。智力超群和物质上独立的人从众生中脱颖而出的机会越多，得到的相关教育资料就越多。工人阶级现在可以享受生活和文化乐趣，这在以前却都是没有的。但同时，如果我们回望几世纪或几千年前，就会发现高等人和低等人之间生活方式的差异的鸿沟变得更深了。所以说，知识水平整体上的上升并不意味着普遍的平等，其结果正相反。

我之所以深刻地分析这个问题，是因为理智力概念所表现出的意义上的相对，在货币里也有这样的情况。要理解货币的本质，就要理解货币和理智力的相互作用（相互作用给予它们形式上的相似），还要理解货币和理智相似发展过程中的共同原则，也许还要参考历史因素的基本条件和特征，这些条件和特征赋予历史因素以形式，从而塑造其风格。

在前面的几章里我们已经讨论过了，货币凭借其普遍的可获得性和客观性，促进了个体性和主体性的增长，货币不变的统一性和共产主义的特征使量的不同变成质的不同。货币权利的扩张是其他任何文化因素所不能比拟的，它使得生活中相互矛盾的趋势获得平等的权利。在这里货币权利的扩张呈现的是纯粹形式性的文化力量的凝缩，这些文化力量可以应用到任何内容中，以强化该内容，并更好地将其表现出来。

因此我主张只强调理智和货币内容上的相似点，也就是货币的抽象客观性本质的非个体性和普遍有效性——只要涉及货币的作用和用法——支持利己主义和分化。

利己主义表现出的理性和逻辑特色同样也支持大量无情地占有货币的行为。之前我们提到了与财产的其他形式相比，货币有着明显的特征，也就是它没表现出任何特殊用途，因此人们可以毫不受阻的使用货币。

货币的特征与真实对象没有任何关系，它完全可以被用于任何用途，因此就不会受到鼓励或阻碍。因此货币就类似于逻辑的形式，不管实质内容如何发展或合并，逻辑形式对实质内容平等对待。所以货币给予了客观上来讲最荒谬最不合理的内容和最有价值的内容同样表现的机会。

而且，货币同样类似于法律体系，法律体系通常缺乏安全手段防止无过失的正义造成严重的不公。充分利用货币的力量不仅是合适恰当的，而且逻辑观念上有必要这样做。

因为货币本质上既没有方向指导也不会受到阻碍，它就会跟随最强烈的主观冲动，而在主观冲动里，所有货币事务都是利己主义的冲动。那种压抑金钱的观念，比如钱“沾染了血”或钱受了诅咒，都是感性的产物，随着货币变得越来越中性——即货币慢慢变成纯粹的手段，什么也不是，这些观念就会变得全然不重要。货币的纯负面特征，即货币的作用，不像所有权的其他形式，肯定不会受客观或道德上想法的限制，无可避免地发展成无所顾忌完全积极的态度。货币的不受任何特殊利益、起源和关系约束的灵活性，产生的必然逻辑后果就是，使我们在生活中受货币主导的领域里不会受到任何束缚。

绝对客观性——因为消除了所有的片面客观性——为利己主义清

除了杂质，像纯理性所做的那样，不是因为别的，而是因为这个指导原则逻辑上最简单，最容易到手，所以纯形式上的、中立的生活力量在金钱里得到了首要的、自然的和意气相投的满足。

金钱与法律、逻辑的理性主义的关系

像我之前提到的，不仅一般法律的形式和理智力以及金钱交易，不理会客观上和道德上错误的内容，而且形式和内容的差异在法律面前人人平等这个原则里达到顶峰。这三个因素——法律、理智力和金钱，其特征都是对于个体特征完全中立。这三个因素都从生活激流的具体整体性中提取一个抽象、普遍的因素，这个因素根据自己独立的规范发展，干预并影响有存在性利益的整体。

因为它们都有权为内容确定其形式和发展方向（它们对内容都是中立的），所以它们有必要给我们讨论的生活整体性加入形式与内容的矛盾。如果平等影响了人与人关系的形式基础，它就会很强烈地表达个体的不平等，并产生深远的影响。由于遵守形式平等而受到了限制，利己主义就不再关心内在和外在的阻碍。在平等的普遍有效中，利己主义有一件武器，这件武器既可服务众人，又可对付众人。法律上平等的形式，也就是理智力和金钱享有的典型形式：它们的普遍可获得性和有效性；它们潜在的共产主义——为所有人、上等人、下等人和地位相同的人，消除了财产类型划分的先天与地位相关的某些障碍。只要土地财产和职业还掌握在某些阶级手中，他们就会把责任推给地位较低的人，团结同阶级的人，并明显地限制局外人的野心。

然而，“开明的”理性没理由保留这种做法，只要每种财产都能转化为价值，那原则上，人人都有权无限制地追求价值。当然，这不能回答在历史进程中利己主义的总和是增加了还是减少了这个问题。

最后，我还想提下一个很有特点的事实，理智力成果的累积给予那些它喜欢的人过多的飞速增长的好处，在金钱资本累积也有类似情况。金钱关系的结构，以及这种关系里金钱产生利益利润的方式是这样的：金钱超出了某一特定范围后，即使所有者没有付出相应努力，金钱仍然会增值。

这与文化世界里知识结构相反，文化世界里，一旦知识超出某一范围，它要求个体自己获得的知识就越少。这是因为认知内容是以浓缩的、超出某一水平的集中的方式提供的。最高层次的教育每前进一步要求的努力比低层次的教育要少，但产生的效果更好。就像金钱的客观性允许最终相对独立于个人力量之外的劳动的存在一样，不断积累的利益自动地以不断增长的比例带来更多的金钱。所以知识的客观性，理智力的结果与其过程相分离导致了知识以集中抽象的方式积累，这样一来，只要人站得足够高，他获得知识，就可以像摘熟透的果实一样，不需费神就可以得到。

所有这一切的结果就是，支持普遍平等的趋势毅然拒绝了金钱，尽管金钱本质上是民主的、可以消除差别的、排除任何特殊个体关系的社会形式。由于相同的原因，理智力也得出相同的结果。逻辑一内容意义上的普遍性和社会一实践意义上的普遍性被划分成了两个范围。在其他范围里，这两者经常充分彼此吻合。

比如，已经说过——不管这定义是否详尽——艺术的本质在于在内容上反应现象的普遍典型特征，以此来吸引我们体内的人类情感，艺术对主体接受的原则，就是建立在排除艺术对象的所有偶然性和个人因素的基础上。

以同样的方式，宗教的形式超越了所有暂时的特殊性达到了绝对的普遍性。这样一来，就确立了一种对所有个体来说的共同关系，以及在人类世界里把人们联系起来的关系。通过其包罗万象的统一性，宗教的形式把我们从纯粹的个体属性中解放出来，把这些属性与那些每个人的共同根源联系在一起。

康德[①]提到的道德也是如此：逻辑上可以普遍实行又不自相矛盾的行为模式，应该同样是每个人的道德规范，不管他是什么身份。这里用到的标准是：人可以把实践准则当作自然准则，它的概念上的、普遍的客观性成就了所有主体的普遍性，对所有主体而言，它就是一种道德命令。与那些形式相反的是，在其他领域，现代生活增加了内容的客观普遍性和个体关系的普遍性之间的紧张。某些要素能不断获得更多的内容普遍性，这对数量不断增长的细节和关系来说很重要，它们的定义直接或间接地包涵了更多的现实内容。

比方说法律、理智力以及金钱的过程和结果都是这样。随之而来的是，这些生活要素使生活形式主观上的差异升级，他们的包罗万象的重要性被用来为利己主义实践服务，以及在全面平均材料的基础上发展个人差异，因为这种材料是普遍可获得和有效的，因此它不会抵抗任何个人意志。困惑和隐秘的自我矛盾感在很多方面成为现代生活的特征，部分是因为这些领域的两个方面之间的不平衡和紧张造成的，这两个方面就是生活领域的实际内容和客观重要性，与它们在普遍性和平等上的个人使用和发展。

---

① 伊曼努尔·康德（Immanuel Kant，1724—1804）德国哲学家、天文学家、星云说的创立者之一、德国古典哲学的创始人，唯心主义，不可知论者。

现代的计算特征

我还想讲下现代生活方式——它的理性主义特征清楚地表明了金钱的影响——的最后一个特征。现在人们用来对付世界、调整个人和社会关系的理智功能大部分可以称作计算功能。计算功能的认知理念就是把世界看作一个很大的数学题，把事件以及事物之间质的区别看作是数字系统。

康德认为只有当数学可以应用到自然哲学，自然哲学才是科学的。不是只有物质世界依赖测量和衡量，悲观主义和乐观主义希望通过快乐与痛苦之间的平衡来确定生活的价值，其理想就是计算快乐和痛苦的数量。经常通过多数人投票来决定公众生活，这也是相同趋势的表现。如果拥有平等权利而非高级权利的人不同意这点，那么个人就应该服从多数决定，不像我们现在看起来这么自然而然。

古代日耳曼法律没有这种情况，它规定不同意部落规定的人不受规定的约束。在易洛魁印第安人部落，在 16 世纪的阿拉贡地区，或者在波兰的议会和其他国会中，都没有通过票数取胜这一现象。少数服从多数这一原则表明：个人选票的绝对价值或者质的价值简化成了纯粹数量意义的单位。

在这种计算过程中，不特定的单位数量的多少表达了并指导着群体内部的现实，这一计算过程的前提和结果是民主的平均化，一个人就是一个人，一个人不可能算成是多余一个人。现代的测量、衡量和计算的精确性是理性主义最纯粹的表现，然而，基于抽象平等的理性主义也支持因素的利己主义冲动。语言以其精细微妙的本能洞察力把一个善“计算”的人单纯地看作是在“利己主义”意义上计算的人。

正如使用“合理的”和“理性的”一样，看起来中立、形式主义的“计算”这个概念，本质上也有着掩盖有偏见的某些内容的倾向。

我们时代的心理特点与古代那种更冲动、更受情绪影响的特点形成鲜明对比，这种心理特征又与货币经济有着密切的因果关系。货币经济迫使我们在日常生活中不断进行数学计算。很多人的生活充斥着这种评估、衡量和计算，把质的价值简化成了量的价值。

用金钱来衡量价值教会我们对最后一厘也要斤斤计较，也迫使各种生活内容的比较变得越来越精确。

当我们认为某些事物与其他事物直接相关时，它们就不能简化成金钱这个公分母，这时，肯定会找到一个更加自然的做法，用一个单位与另一单位相比较。经济生活关系中的准确、精确和正确，自然会影响到生活的其他方面，与金钱事物的扩张并行，虽然对形成更好的生活方式没有什么好处。只有通过货币经济，实际生活甚至是精神生活才有可能产生数字计算的理念。

从这点来看，货币体制只不过是普通经济领域的强化和升级。在英国人和国王之间的商业贸易里，尤其是13世纪和14世纪，各种权利和自由都可以买到。一个历史学家写道：“这让理论上很难的问题在实际中得到了解决。国王有权成为人民的统治者，而人民则有权成为这个王国——国王人格化的体现——的自由人或者阶层成员。虽然原则上很难决定他们每个人的权利，但当问题简化成买卖问题时，一切就很简单了。”这意味着，一旦实际生活中质的关系作为买卖交易中的一部分来看待其意义，它就获得了一种精确性以及确定的肯定性。在具有一切质的差异的现象中直接表现这种精确性以及确定的肯定性是不行的。

然而，在这种过程中，货币并不是不可或缺的，因为教育可以通过其他支付方式进行，比如羊毛。但很明显的是，金钱以一种更明显更精确的方式——商品交易没有这种方式——为价值和需求做贡献。

在这方面，也许可以说，在整体上货币交易和商品交易的关系就像金钱与交换存在之前事物的精确性和事物之间的关系一样。货币表现的是商品处理中纯商业性的因素，就像逻辑表现的是与可理解的事物相关的可理解性。因为表现事物内在价值的抽象形式具有算术的精确性，因此具有了绝对的理性确定性，所以抽象形式的特点一定会反映在事物本身。

如果一个时期的艺术确实逐渐决定我们看待自然的方式，如果艺术家自发而主观地在现实中抽取的东西给我们的意识构成了非常直接的感觉图像，那么凌驾于质的现实之上的货币关系的上层结构就将根据其形式更根本地决定现实的内在图像。货币的数学特征赋予了生活组成元素之间的关系以一种精确性，一种判定相等与不等的可靠性，一种商定和约定的毫不模糊性，正如怀表的使用对日常生活产生了相似的影响。就像货币决定了抽象价值，钟表确定了抽象时间，这为最确定、最细节的事务划分和权衡提供了某种模式，这一模式为接受它的生活内容，至少是实际生活的管理，提供了透明度和可计算性。

计算的理智性就体现在这些形式中，它反过来也许会从这些形式中吸取力量以控制现代生活。所有这些关系如此受瞩目，是因为某些思想家提出的反面例子，这些思想家强烈反对用经济来解释人类事务，比如歌德、卡莱尔①和尼采，一方面他们根本上反对理智性，另一方面又反对对自然采取数学式的精确解释，而我们认为这是货币体系理论上的对应物。

---

① 托马斯·卡莱尔（Thomas Carlyle，1795—1881）苏格兰的散文家和历史学家，英国19世纪著名史学家、文坛怪杰。

第二节

文化的概念

如果我们把文化当作是精致高尚的东西、当作生活精神化的形式、脑力和体力劳动的成果，那我们就是从某个特定的角度看待这些价值，而这些价值仅凭借其客观重要性的优点，不会自动属于这个背景。对我们而言，这些价值是文化的表现，因为我们把它们看成是自然生命力和潜力的强烈体现，其强烈程度超过了它们的本性所能达到的发展、完善和分化的程度。自然的力量或自然的暗示——只有实际发展能够超越它们时，它们才有必要存在——形成了文化内容的假设前提。

从文化的角度说，生活的价值就是开化了的自然，在这里它没有上面那些用快乐、聪明和美丽这些理念衡量的孤立的意义。相反，生活价值就是我们所谓的自然这一基础的进一步发展，这些价值超越了自然的力量和精神内容才成为文化。

因此，一棵经过栽培的树结的果实和一座雕像同是文化产物，语言以微妙的方式暗示了这种关系。在语言里，我们称树为“栽培过”的树，而却不会说光秃秃的大理石块“栽培”出一座雕像。在第一种情况里，我们假设了一种树的自然生长力和倾向能够结出果实，经过精心栽培，果实的成长可以超越自然局限，然而，我们对雕像却没有假设相似的趋势。雕像所体现的文化组成了某种人类能力的强化和提高，这种人类能力的最初体现我们称之为“自然”。

乍一看来，把客观的对象描述成有教养的（cultured），似乎只有把这个当成一个比喻才合理。因为自然所赋予的东西通过意志和精神超越自然限制而发展，是为我们所保留的，或者说那些对象的发展与我们的冲动有关，反过来，它们又刺激了我们的感觉。文化的物质产品——家具和栽培的植物、艺术和机械作品、工具和书籍——自然物质被塑造成了依靠其自身力量永远无法实现的形式，而这些都是我们欲望和情感的产物，是理念利用对象可获得的可能性产生的结果。

文化形成的人与人之间关系：语言、道德、宗教和法律的情况也同样如此。只是我们称这些价值为文化，我们把它们与它们的活跃能量（它们自己就可以获得这些能量）的发展水平区分开来，能量只是文明进程的原材料，像木材和金属、植物和电力。培育事物就是使事物的价值增加，超越其自然结构所能达到的程度。

通过培育事物我们锻炼了我们自己：这同样是我们自身价值的增值过程，从我们开始，最后又回到我们身上，感动了外在的自然或内在的我们的本性。艺术最好地反映了文化的这个概念，因为艺术最清晰地展示了这些对立面之间的紧张状态。塑造事物形象似乎要完全规避适应我们的主观性这一过程。艺术作品自身就诠释了这个现象的意义，无论这个意义隐藏在空间造型或色彩关系，还是可见又不可见的精神里。

一切都依赖于发现事物的意义和秘密，以便用比事物的自然发展形式更纯粹更清晰的方式再现事物。但这却不是在化学或物理技术上的意义，技术挖掘事物的自然规律，以使用它们达到规律内在的人类的目的。

相反，一旦艺术以其独特的方式再现了事物，艺术过程就结束了。事实上，这也满足了纯粹的艺术理念。因为艺术作品的完美是作品自身的客观价值，与它是否成功地激发我们的主观感受全然没有关系。“为艺术而艺术”的口号很好地体现了纯艺术趋势的自我满足的特征。但从文化理念的角度来说，情况就不一样了。

文化理想的关键在于要超越美学的、科学的、道德的、幸福论的甚至宗教成就的独立价值，把它们整合成超越人类本性的自然状态发展的因素。更确切地说，这些独立价值是这一发展必须要超越的里程碑。每一个时刻文化的发展都处在这条道路上，它永远不能空洞地、纯粹形式上地向前发展，即使它与内容不相同。文化内容包含那些形式，每个形式都从属于它的理想，尽管这里我们是从我们的能量和存在的发展超越了纯自然程度这个角度看待这些文化形式的。在培养事物的时候，人按照自己的形象创造了它们。

文化进程作为事物能量超自然的成长，表现或显示了我们的能量也在等量增长。特定生活内容从自然形式过渡到文化形式的界限不很明确，而且颇有争议。

但这只是思维最普遍的问题之一。特定现象被归入某些范畴是为了将这些现象融入到知识中去，而范畴之间的规范和关系，是彼此分开的，也只能从这种对立中获得意义。这些概念就断断续续形成了序列。但是掩盖这些概念的细节通常没有被准确地定位。相反，细节在数量上的特征经常决定了它们属于这个还是那个概念。

所以，由于数量的连续性，由于两个实体间可能存在中间位置，每一个细节就与某一个范畴相对应，特定的现象可能有时被放到这个范畴，有时被放到那个范畴里。因此看起来范畴之间还是有某种不确定性，即使从实际意义来看，联系在一起的概念也会相互排斥。自然与文化有着明确的界限，一个从另一个结束的地方开始，不像个别现象不能被定位。它们像白昼和黑夜这两个概念，不会因为黎明和黄昏有时属于白天，有时属于黑夜，而混淆在一起。

物质文化的前进和个体文化的落后

我将把文化的普通概念以及它与现代文化的特定关系对比进行讨论。如果把我们的文化与一百年前的相比，肯定会说——受个别例外情况的影响——那些决定我们的生活、包围我们生活的物质，比如工具、交通手段、科学、技术和艺术的产物都是高度的文明。

然而个体文化，至少从高层次来说，并没有发展到同等的程度，而事实上有时候，个体文化还后退了。这个问题不需要用细节来说明，因此我只想强调个体文化的某些方面。语言表达的可能性，比如在德语和法语里，在过去的一百年里都变得越来越优美和微妙。现在我们不仅有了歌德的语言，此外我们还有大量优美、微妙和独特的表达模式。

但是，如果观察个人的说话和写作，就会发现整体上越来越不规范、不优美，还更琐碎。就内容来说，在那段时间由于理论和时间的进步，话题范围变宽泛了。然而尽管如此，比起18世纪末，社会的、私人的谈话以及信件往来，似乎都变得肤浅、没什么意思了，不那么严肃了。

同样的是，机械变得比人聪明了。即使在大规模的工厂里，又有多少工人能够明白他们工作的机器，理解这些机器所包含的知识呢？军事文化里也同样如此。个体士兵的职责本质上和很久以前一样，但很多方面由于现代的作战方式却还减少了。与此形成鲜明对比的是，不仅物质器械，还有完全中立的军队组织都变得极度精良，是客观文化的一次真正的胜利。在纯理智范畴，即使是知识渊博、思维缜密的人在工作中和不断增长的理念、概念和报告打交道，却未必能完全知道它们的精确意义和内容。客观的、可获得的知识的骤增，允许或者说迫使我们的表达，像个密封的容器被一个接一个地传下去，里面浓缩的思维内容不经打开最后呈现在个体使用者面前。正如我们的日常生活被越来越多的事物包围着，我们不会去想生产这些事物需要耗费多少的脑力。

我们的精神和社会交流充斥着象征性的形式，它们包含了全面的智慧，但个体的思维只需要用到其中很小的一部分。19世纪发展起来的客观文化对主观文化的优势，是以下这个事实的反映：18世纪的教学法观念注重的是塑造人，也就是培养个人的内在价值，然而在19世纪，这一观念被培养客观知识和行为模式个体这个意义上的“教育”观念取代了。这个差异正在逐步加深。每一天，每一方面，客观文化的价值都在增加，而如果个体思想要想丰富其自身发展的形式和内容，就只能远离客体文化，以更慢地节奏发展自身。

我们如何才能解释这个现象呢？如果正如我们看到的，物质文化只不过是人的文化，以致我们可以依靠发展客体来发展自我，那么客体的发展、提高和精神化又意味着什么呢？这些似乎都是客体自身的能量和规范演化出来的，个体思想似乎没有得到相应地发展。这突出说明了社会生活一方面与其产品，另一方面与碎片式的生活内容之间谜一样的关系。无数代人的劳动包含在客体化的精神里，比如语言和习俗、政治组织和宗教信仰、文化和技术，每个人想拿多少能拿多少，他就可以拿多少，而任何人都不会使这种精神枯竭。这精神财富的数量和它被取走的部分之间的关系是多样的，偶然的。个体取用部分的无足轻重和非理性不会影响人的所有权的实质和尊严，正如任何物质实体独立于它能被感知的存在性之外一样。

一本书的内容和意义，与它读者群的大小、能否被读者理解无关。同样的是文化产品面临它的文化听众时，已经做好准备被所有人吸收，但事实上却只是零星地被理解。文化共同体集中的脑力劳动与它在个体的活跃程度有关，就像可能性的丰富与现实的限制有关一样。为了理解这种客观精神内容的存在模式，我们需要把它放在我们理解这个世界的特殊范畴的框架之下。客观文化和主观文化的矛盾关系，形成了我们的具体问题，会在这些范畴里找到适合它的位置。

柏拉图神话讲过，灵魂看到了世间物质存在之前的纯粹本质、绝对意义，因此纯粹本质之后的知识仅仅只是依靠感官刺激而浮现出来的对这个真理的回忆。如果我们像柏拉图那样否认知识源于经验的话，这个神话潜在的最初动机就是人们对于知识起源的困惑。

然而除了出现这种思辨的原因外，这种形而上学的思辨基本上表现出了人们对思维的认识论态度。无论我们把认识当作是外部事物的直接结果还是当作纯粹的内心过程——在这个过程中，外部的一切都是思维要素内部的形式或者关系。我们总是认为我们的想法，那些被当作真理而被接受的想法是对客观要求的满足，是想象模式的复制。即使我们的认知是对客体本身的反映，只是通过掌握一个又一个的事物而得到的统一性、精确性和完整性都不是从客体本身得到的。

相反，我们认识的理念一直是套着理念形式的内容，因为即使是最极端的唯实论[①]也希望得到客体的有关知识而不是客体本身。

如果我们描述任何时刻组成我们知识的片段——知识与我们想要达到的目标有关，并决定了每一阶段的意义——我们做到这点要靠柏拉图学说的基础为假设前提：存在着理论价值的理想王国，有着完美的理智意义和一致性，不与任何客体相似——因为这些只是它的客体——也不与已有的心理学的真正知识相似。

正相反，这种真正知识正逐渐地且一直不太完美地接近那个王国，那个包含了所有可能的真理的王国。只有在这种知识成功地做到这点的意义上，它才是真实的。

柏拉图似乎接受了这种基本的感觉：我们的知识在任何时候都只是知识综合体的一部分，知识只有理念的形式，它鼓励并要求我们在心理上实现它。他认为从以前对理念王国的整体把握到现在获得知识是一种下降，是“不再”而不是我们现在所理解的“还没”。

但是从这两种解释里感受的这一关系本质上还是一样的，就像相同的数字可以用大数字减小数字或者小数字相加得到。这种认知理念的特殊存在模式与作为规范和整体性的我们真正的认知相对，就像道

① 唯识论：亦译“实在论”或“实在主义”。西方一种哲学思潮。与“唯名论”相对，它否认个别事物的客观实在性，认为一般、共相是先于个别事物并派个出个别事物的实体，只有它们才是在意识之外的客观实在。

德价值和规范的整体性与个体的实际行为相对一样。

这里，在伦理王国，我们更多地意识到这个事实：我们的行为或遵循或不遵循某个内在有效的规范。这个规范——也许其内容会随着不同的人和人们生活的不同时期而变化——在时间和空间里找不到，它也与道德意识不一样。相反，道德意识受规范影响。

最终我们整个生活的模式，从每天最琐碎的实践到最高的理智力，是这样的：我们所有的作为里都有一个规范、一种标准和一个理念上被预先想到的放在我们面前的整体性，而我们试图通过行动使这些变为现实。这并不是说我们一直受到某种理念的指导这种简单的归纳，相反，它说的是我们行为的程度不同的特殊性、独特性，只能以这种方式描述：我们的行为，不管其价值是否与理念相矛盾，我们遵循某种预先设定好的可能性，好像在执行某种理想的计划。我们的实际存在，尽管不充分不连贯，但只要参与了整体性的实现，就有某种意义和一致性。我们的行为甚至整个的存在，无论美丑、对错、好坏，似乎都是从很多的可能性中提取的。每个时刻，我们的行为都与观念上确定的内容相关，正如具体的客体与表述客体内在的规律和逻辑本质的概念相关一样，这个概念的意义不受这个观念是否被实现、如何被实现以及多久被实现的影响。

我们没有别的方式，只能这样看待认知：把认知看成是那些在某点上受质疑的亟待被证实的概念的实现。我们把知识说成是必需的知识这个事实，也就是知识内容只能以一种特殊的方式存在，只不过是用不同的方式表达了同一个确信的事实，我们认为知识是先于知识存在的理念内容在精神上的实现。只有一种特殊的方式并不意味着对多样化的精神来说只有一种真理。

相反，如果一方面给定被明确建构的精神，一方面给予某种客观现实，那么这种精神的真理就在客观上预先确立了，就像给定了参数计算就可以得到结果一样。随着给定的精神结构的每一个变化，真理的内容也随之变化，真理的客观性不会减少，也不会更多地受精神意识的影响。我们从某些知识的事实——也得假设其他知识事实——得到的不争的结论，是解释我们的认识本质的偶然原因：每获得一个知识就意味着我们注意到了某些事物，这些事物在知识内容客观已决定的背景中已经存在并已经成立了。

最后，从心理角度来讲，与这个理论有关：根据这个理论，一切被认为是真实的都是某种伴随着精神内容的感觉，我们称为证据的东西不过是产生这种感觉的心理因素的格局。感官感受和逻辑推理都不能够直接确证现实的存在。相反，它们只是条件，用来确认、认同这种超理论感觉，或者描述其他任何难以名状的现实感。这形成了两种认识论范畴之间的心理中介：一方面是事物有效的目标——它由事物内部的一致性产生，这种一致性使每个组成部分合理归位；另一方面是我们对事物的感知，对人类主体而言事物意味着现实。

精神的对象化

这种一般的普遍关系在较小程度上与对象化的精神、文化以及个体之间的关系相似。正如我们站在认识论的角度从客观上有效的物体里提取我们的生活内容一样，所以从历史的角度来看，我们从种种脑力劳动积累的仓库中提取了生活内容的大部分。

这里我们发现了预先形成的内容，它准备被个体实现，但同时却保留了它的规定性，规定它不与物质对象的规定性相同。因为即便精神依靠物质，比如在工具、艺术作品和书籍里，精神也不会与可被我们的感官感知的那部分物质等同起来。

精神以一种几乎很难被定义的潜在的形式存在在物质里，而个体的意识可以实现这种形式。客观性文化是客观上有效的真理历史性的表现或者几乎完美的浓缩，这种真理由我们的认知再生。如果我们说在牛顿提出万有引力定律之前它就是有效的，那么这个规律自身是不依赖于事物实体而存在的。相反，这只说明了事物关系把自己呈现给一个明确组织起来的思维的方式，规律的有效性不受事物存在于实体里这个事实的影响。

如果情况真是这样，那么规律既不存在于客观事物本身也不存在于主观思维中，但存在在客观精神的范畴里，这种精神一步一步地被我们的真理感浓缩成现实。就我们正在讨论的万有引力定律而言，如果一旦被牛顿证实了，那这个定律就被客观的历史性思维吸收了，它在这个思维里的理念意义现在就基本上独立于特定个人对它的再现之外了。

通过把这种客观思维的范畴作为一般物质有效的精神内容的历史性表现，那么显然，被我们认为是主观发展的文化过程——作为人类文化的物质文化——就与它的内容相分离了。这个内容一旦进入了该范畴，它就仿佛获得另一个物理条件，因此为客观性和个体文化的相分离提供了基础。精神的对象化提供了形式，使脑力劳动的交流和积累成为可能。精神的对象化是最重要影响最深远的历史范畴。

因为它使生物学上很受质疑的东西——遗传继承，变成了历史事实。如果人不仅是人的后代更是继承人，表明了人比动物高级，那么文字和作品、组织和传统里精神的客体化就是人与动物不同的基础，有了这个基础，人就可以控制他的世界，甚至是任何世界。

如果历史社会的客观思维是它广义上的文化内容，那么社会各组成部分中实际的文化因素就取决于它们成为个体发展因素的程度。如果我们预先假设牛顿的发现万有引力定律记录在一本无人知晓的书里，这一发现仍然是客体化精神的一部分，是社会隐含的财富，但不再是文化价值。因为这种极端情况可能发生在各种情况下，随之而来的情况是社会里大多数的客观文化价值只有一部分变成主观文化价值。如果把社会当作整体看待，也就是如果我们把客体化的精神放在时间上客观的综合体里，那么整个的文化发展的——假设它被统一地表现出来——内容要比它的组成部分丰富得多。因为各组成部分取得的成就被纳入了整个的文化遗产里，但这个文化遗产却没有渗入到各组成部分中去。

共同体整个的生活方式取决于客观化的文化和主体文化的关系。我已经提过很多因素的重要性。低等文化的小共同体里，两者的关系几乎完全平等，客观文化的可能性不会扩张到超过主观文化的现实。文化层次的提高——尤其是如果正好赶上群体的增大——会产生两者间的分离。雅典的黄金时代的特殊情况要归功于雅典在文化发展到顶峰时避免了主客观文化的分离，除了哲学。然而社会圈子的大小自身没能很好地解释主客观因素的分离。现在我们必须找出发生这个现象具体的、有影响的原因。

主客观文化分离导致劳动分工

如果我们想用单个概念来界定产生这种现象的原因和目前的范围，那这个概念就是劳动分工，就它在生产和消费里的重要性而言。我们谈到生产经常会强调，产品的生产是以牺牲生产者的发展为代价。从事某种专门活动的结果是心理—生理能量和技能的提高，这对人的整体性发展却没什么用，人的整体性发展有时甚至停滞，因为个体协调发展不可缺少的精力分散了。在其他方面，这种精力的发展好像切断了它与人格核心的联系，就像一个拥有无限自治权的省份不把成果返还给中央政府。经验似乎证明，自我的内在整体性根本是由我们生活任务的一致性和完整性交互作用的结果演化而来的。

对我们而言，要实现一个客体的统一性，只能通过把我们自己映射到这个客体里去，从而根据我们的形象来塑造它，这样各种各样的规定性就演变成"自我"的统一性。同样的方式，我们塑造的有统一性或缺乏统一性的客体，在心理—实践意义上，影响着我们人格的对应物的形成。无论什么时候只要我们的精力不再产生反映整个人格的整体事物，那主客体之间的合理关系就不存在了。我们劳动成就的内在本质是与其他人的一部分成就密切相连的，两者都是整体性的必要组成部分，但是这种整体性不会再返回到生产者那里。

结果，由于越来越多的专门化，致使工人的存在形式及其产品都不能够充分发展，就完全导致了生产者和产品的分离。产品的意义不是来源于生产者的思维，而在于它与不同源的产品的关系。因为这种产品片段性的特征，产品缺少精神确定性，在单个人劳动生产的产品中很容易就发现这个。因此产品的意义既不能在主体性的反映里也不能在创造性思维的反射里找到，而只能在疏离主体的客观成就里找到。

主客体的关系在劳动产品的极端对立面——艺术作品里很好地得到说明。艺术作品的本质完全抵制大量工人劳动的分化，没有一个工人独立地达到了完整的统一性。艺术作品，在所有人类作品里，是最完美自主的统一体，是自足的整体，甚至比国家还自足。因为国家，虽然在某些情况下是自立的，但是它不会完全囊括所有的组成部分，以至于每个组成部分有兴趣单独发展。我们只有一部分人格与国家交织在一起，而其他部分可能围绕着其他的中心。然而，艺术不会赋予在它设置范围里存在的任何组成部分以意义。艺术的单个作品会破坏语言、音调、色彩和形式的多种意义，使我们意识到与艺术作品有关的方面。然而，艺术作品的自主表明了它表达的是主体的精神统一性。艺术作品需要的只是一个人，但是需要他全身心的投入，抵达内心的最深处。它的形式成为他最纯粹的想法和表达方式，这就是艺术作品的回报。对劳动分工的彻底摒弃，既是作品的自主整体性和精神统一性相连的原因，又是其标志。相反，劳动分工普遍的情况下，劳动成果和劳动者是不能互相比较的。劳动者再也不能在工作中找到自己被表现出来，劳动产品的形式与主体的精神不相符，看起来只是我们存在性的整个专门化的部分，对人的整个统一性毫不关心。在明显的劳动分工基础上，并有分工意识生产出来的产品，本质上就使自身努力进入客观性这一范畴。工人越来越有道理认为自己的工作和效果是纯客观的和匿名的，因为工作已不再触碰他整个生活方式的根基了。

由主观部分组成的实体越完整地吸收其组成部分，每个部分的特征就越只能作为整个的一部分起作用，那么这个整体就越客观，它的生命就越不受生产它的主体的影响。一般来讲，消费的扩大是与生产的专门化相对应的。如今连最聪明最职业的专门人士都读报纸，因而加入到广泛的精神消费里，而一百多年前，即使最多才多艺兴趣广泛的人也不能如此。然而，消费的扩大依靠客观文化的增长，因为一个客体越客观越中立，它就越能很好地适应更多的人。为了使非常多的个体能够接受并享受，这种可消费物质不能为主体不同的品味来设计，然而另一方面，只有生产采取最严格的分化才能大量生产便宜的产品，以满足消费者的要求。因此消费模式成了文化的客观性和劳动分工的桥梁。

最后，劳动者和生产资料分离的过程（它本身也是中劳动分工），也起着同样的作用。在这个过程中，是资本起着获得、组织和定位生产资料的功能。这些生产资料对工人而言有着非常不同的客观性，与那些用自己的资本和工具生产的人而言的客观性非常不一样。

这种资本的分化根本上把产品的主客观条件分离开来。这种分离是因为只要主客观条件还合并在一起，就没有什么心理原因。因为劳动和它的直接客体属于不同的人，这些客体的客观性特征在工人的意识里肯定会被无线放大。劳动和它的资料愈发成为一个统一体，它们的相似点就使得现在的对立愈发明显。这个过程还在继续，而且被这个事实所反映：除了生产资料，劳动本身也与劳动者分离了。

这就是“劳动力成为了商品”这一论点说明的这一现象的意义。工人用自己的资料进行生产，他的劳动力还保留在他自己人格的范围里，只有出售做好的商品才能将劳动力与劳动者分离。当工人没有可能继续以这种方式使用劳动力时，他就把劳动力以市场价格出售给另一个人。这样，当劳动与其来源想分离时，工人就与他的劳动分离了。

劳动现在与所有其他商品享有同样的特征、价值模式和命运，意味着劳动已成为客观上与工人相分离的东西，工人不仅是不再是劳动，也不再拥有劳动。因为一旦他的潜在劳动力转化成实际劳动，只有等价的钱才属于他而劳动却属于另一个人，或者更确切地说，属于某个劳动的客观组织。劳动成为商品的过程也是异化的过程深远影响的一个方面。通过异化，个性的特殊内容被剥离了，以便使它们成为有着独立特征和活力的客体，与个性相对。

最后，生产资料和劳动力这种命运的结果也在劳动产品中显示出来了。在资本主义时代，劳动产品是有着绝对自主权特征的客体，它有自己的运动规律和异于生产主体的特征。

这一事实强有力地表明了，如果工人想拥有他自己生产出的劳动产品，他就被迫要花钱购买。这种普遍的发展模式远远超过了雇佣劳动力这种情况。

举个例子，在科学领域劳动的普遍分工，导致了这种情况。只有少数学者能够获得工作所必要的事物，外界的人只是把很多事实和方法单纯地当作客观的材料，作为别人的知识财富，来进行更进一步的研究。回想到 19 世纪初的技术领域里，纺织业和炼铁业里惊人的发明一个接一个，没有其他机器的辅助，发明家不仅要自己用双手生产新机器，大多数时间他们还要自己设计并制造必要的工具。

在广义上，也就是这里所指的任何情况下，科学的现状就是将工人与生产资料相分离的过程。因为在生产科学发明的实际过程中，生产者的客观材料肯定就与他工作的主观过程分离了。科学过程越少被异化，科学家都得更多地自己制造工作必须的条件，他的主观成就和被客观地赋予科学事实的整个世界的对比就越不明显。这种对比还延伸到他的劳动产品里了，甚至是结果本身——无论主观努力的价值是多少——都被提高到独立于生产者的客观事实范畴里，已经被包含并合并到最终成果里的其他人的劳动就越多。因此我们可以注意到，在分工程度最小的学科里，比如哲学（特别是玄学），一方面客观材料经常起着次要作用，另一方面，产品很少脱离主观的根源。相反，它是作为单个人的成就整体出现的。

广义上理解的包括产品分配，劳动过程的异化和专门化的劳动分工，将劳动者和他的劳动相分离，并赋予了劳动产品客观独立性。基于劳动分工的产品和消费者之间的关系也同样如此。这里目的是要从皆知的具体事实中推出心理后果。

中世纪手工业流行，但上个世纪就迅速衰落的定制服务，使消费者和商品间有一种私人关系。因为商品是特别为消费者定制的，是他和生产者之间互联关系的体现，所以商品像属于生产者一样，同样地也属于消费者。就像主客观之间的根本对立，被理论上的“客观是主观感知的一部分”而化解一样，所以只要客体是由单个人或为单个人制造，主客观之间的截然对立在实际中就不会发展。

劳动分工破坏了定制服务——如果只是因为消费者可以与一个生产者而不是一群不同的劳动者签订协议——与消费者有关的产品的主观性就会消失，因为现在商品的生产与他没有关系。商品成为客观上被给予的实体，消费者只能从外部接近它，商品的特殊存在性和特征是自主的，独立于他的。比如说，高度专门化的现代服装店和在顾客家里制衣的裁缝，他们之间的差异很突出地强调了经济体系里不断增长的客观性，以及经济体系与个人消费者之间中立的独立性，而以前经济体系是与消费者紧密结合的。

我们已经强调过了，随着劳动逐渐分化成专门化的局部操作，交换关系就逐渐变复杂了，就逐渐要调解这样的结果，即经济必须要建立很多本来并非直接相关的关系和责任。很明显，一旦生产者和消费者之间被插入这些中介，他们彼此不能直接交流，那么多大程度上会使交易的整体特征被客体化，主体性会受到多大破坏，被转换成冷酷的保留和匿名的客观性。

与消费者有关的产品自主性和很普遍的劳动分工的另一个方面相联系，其意义还没被发现。一种简单的观念很流行，是从早期的生产形式衍生来的，即社会的较低阶层为较高阶层服务，植物靠土壤生存，动物靠植物生存，而人靠动物生存。

假设这种社会的这种情况是循环往复的，不管有没有正当的道德理由，个人的社会和精神地位越高，他们的生存就越依赖于较低阶层的工作。作为交换的不是劳动者的劳动而是金钱。然而，如今这个观念整个是错误的，因为处于从属地位的大众的要求是有大型企业来满足的，而大型企业雇佣了无数较高阶级的科学的、技术的和具有管理能力的人为其服务。

卓越的化学家在实验室思考染色的描述，就是为农妇能够在杂货店里买到最鲜艳的围巾而工作。如果批发商通过全球投机生意把美国谷物出口到德国，那他就是最贫穷的无产阶级的仆人。棉纺厂雇佣最聪明的人，生意靠的就是处于社会最底层的顾客。现代有很多这样服务的反刍现象，较低阶层购买较高阶层的劳动产品。这些现象影响着我们的整个文化。

这种现象的发生只因为产品的客体化，它导致了生产个体和消费个体的分离，从而把生产置于社会差别和其他差别之上。最高的文化生产者为最底层的消费者服务，这意味着他们两者之间没有关系，而是有个个体出现在他们中间。一方面，一个群体在生产这种客体，而另一方面他们消费这种客体。这个客体将生产者和消费者分离，同时又为他们建立某种联系。很明显根本原因就是劳动分工：生产技术的专门化，导致了不仅是越来越多的人，而且是越来越多不同的人掌握了这种技术的不同部分，直到最低消费品的部分是由最高阶级完成的。

相反，机械技术带来的劳动分工导致了这种情况的出现：最粗糙的手合作完成最精细产品的生产过程（需要提到的是现代的印刷出版业和印刷术与发明前的书籍生产过程形成鲜明对比）。社会的较高与和较低层这种典型关系的倒置很清楚地表明了劳动分工导致较高阶级为较低阶级服务。然而，这种情况可能发生的唯一形式就是通过生产过程的彻底客观化，客观化涉及较高和较低阶层。这种倒置关系不是别的，只不过是劳动分工和文化客体化之间关系的最终结果。

目前我们把劳动分工理解成个人活动的专门化。然而客体自身的专门化也为它们疏离人类主体起了作用，体现了客体的独立性以及主体没能力吸收它，使客体适应主体的节奏。首先，生产资料的情况是这样的。这些资料越异化，工人能够通过它们表现的个性就越少，他对产品做出的贡献就越难被看见。艺术家使用的工具相对来说几乎没异化，因此就为个性释放其所有能力提供宽广的空间。艺术家的工具与艺术家并不对立，不像工业机器与工人对立。

工业机器专门化的完整性本身就拥有了个人的坚固性和内聚性，以致工人没办法把自己的个性灌输到机器里，不像他使用其他不那么精细的工具能做到这点。

雕刻家的工具是非专业化的，几千年来都没有变。只要艺术工具发生了决定性的变化，比如钢琴，它的特点也变得客观了。比起其他乐器，比如小提琴，钢琴已变得很独立自主，并严格地限定了主观性的表达方式，小提琴技术上并没发生异化。现代机械的自主性特征是材料和能量高度瓦解和专门化的结果，就像一个高度发展的国家行政机构的特征一样，行政机构只有在职能部门分工的基础上建立起来。

机器于是变成了统一性，自己执行比例不断增加的劳动，它作为自主力量与工人对立，好像他自己不再是个体的人，而仅仅只是完成客观上规定好的工作的人。只要比较下鞋厂里的工人和鞋店里的工匠，就可以看出工具专门化在多大程度上消磨了个人技艺（无论是好是坏）的效率，在多大程度上允许主体和客体作为基本独立的事物而发展。没异化的工具只不过是手臂的延伸，而专门化的工具却提升到了纯粹的客体范畴里了。

就军事装备而言，这个程序是典型而明显的：其顶峰就是最专业最完美的机械——军舰。有了军舰，客体化的过程大大提高了，以致在现代的海战中，唯一决定性的因素就是性能相同的军舰的数量。

基于专门化的文化客体化的过程，导致了主体和产品的疏远，最终渗透到日常生活比较隐私的方面。19 世纪的前几十年里，我们生活里的实用品和奢侈品都相对比较简单，耐久性也好，并都符合下层和上层人的需求。这导致了人与他周围的事物的“附属”现象，这种附属现象在现在的年轻一代看来是祖辈的怪癖。

客体的异化在三个方面打破了这种情况，每个的结果都相同。首先，形状各异的物品的庞大的数量使人和它们中的每一个建立起紧密的和个人的关系更加困难，个体更容易吸收少量而简单的家具，而大量不同种类几乎变成了个体自我的敌对的客体。

家庭主妇抱怨过这一点，打理家务成为了仪式般的恋物癖，性情严肃的人对我们装饰生活的无数的小玩意也表现出了恨意。前种情况在我们的文化里非常典型。因为以前家庭主妇打理和维持家务的劳动要比现在广泛和辛苦得多，但从没有形成对客体的依赖感，因为家务活紧密地和个性联系在一起。

面对少数未异化的客体，一个女人可以更容易地表达她的个性，比面对一群独立的专门化的客体时更容易。当我们受客体控制时，我们才会把客体的独立性当作敌对的力量。自由不是消极的东西，而是把自我扩张到客体里产生的积极的东西，所以，如果我们与我们的自我无法吸收的客体打交道，自由就被削弱了。

被现代生活的外部事物压迫的感觉不仅是它们作为自主的客体与我们相对的后果，同时也是其原因。

烦恼的是我们基本上对充斥在我们周围的无数客体漠不关心，这是货币经济特有的原因：其根源的中立性和自身的易替代性。大工业是孵化社会主义理想的温床，不仅是因为工人的社会条件，还因为产品的客观性。

现代人周围没什么东西，除了中立的客体，所以他就越来越习惯于反个人的社会秩序的观念，虽然他反对这个观念。文化客体逐渐衍生出一个内部密封的世界，在这个世界里，主体灵魂能够插入其意志和感觉的地方越来越少。支持这种倾向发展的是个体的自主流动性。我们已经说过，现代商人、手工艺人和学者的流动性远没有宗教改革时期那么强。

如今物质和精神客体都自由移动，无需个人的代表或传送。客体和人都被与彼此相分离。虽然，不断通过客观形式、书籍和商品里体现的劳动精力和技能，能够自由移动，近代交通手段的进步只不过是这种现象的实现和表达方式。

通过独立的、中立的移动性，客体彻底完成了与人相分离的最后一步。投币机是现代经济的机械特征的最后例子，因为有了自动售货机，人与人的关系彻底消失了，甚至是在零售业里，长久以来，商品交换都是在人和人之间完成的。用货币等价物换取商品现在是通过机械装置完成的。

从另一个层面来说，同样的原理在五分钱便利店和其他类似的商店里也其作用，在这些店里面心理—经济过程不是从商品到价格，而是从价格到商品。所有商品预定好价格相等，就免除了顾客考虑和比较商品的过程和店主的费力解释，所以经济交易非常迅速和中立地通过了个人渠道。

同时发生的异化与连续不断的异化有着同样的效果。时尚的变化打断了主体和客体之间的获得和吸收的过程，通常不允许这两者间存在分歧。时尚是一种将异化和变化的魅力，以及相似性和对立性结合到特定程度的社会形式之一。甚至时尚本质上也是一种社会阶级的时尚，社会阶级的时尚创造新的时尚。

有时尚的地方，时尚就寻求表达社会差异的机会。然而过去一百年社会变化加速了时尚的变化脚步，一方面是通过弱化阶级壁垒，以及个人有时甚至是群体的上升到更高等级的流动性，另一方面则是因为第三等级占优势。

第一个因素使得领导阶层的时尚变化很必要，因为较低阶层的模仿会削弱时尚的意义和吸引力。

第二个因素起作用是因为中产阶级和城市人群跟上层社会和农民的保守主义不同，他们有着很大的变化性。代表着变化的不稳定阶层和个人，在时尚、在生活形式的变化和对比中，找到了一种他们心理活动的反射。

比起上几个世纪，当代的时尚没有那么奢侈昂贵，流行期也较短，部分是因为时尚要做得简单以便较低阶层可以超越；部分是因为时尚现在源于富裕的中产阶级。

结果，时尚的传播，无论是宽度还是速度，都是一种独立的运动，是一股客观而自主的力量，不受个人影响独立前行。只要时尚——我们这里说的不仅是服饰时尚，持续时间长，将社会阶层紧密联系在一起，个人和时尚的特殊内容之间就有可能存在个人关系。但是变化的速度——这是连续不断的异化，和时尚不断地扩张瓦解了这种联系。和最近其他一些社会守护神一样：时尚较少依赖个体，个体也较少依赖时尚。两者都像单独演化的世界在发展。

普遍存在的文化的异化，包括同时发生的异化与连续不断的异化，有助于建立自身的独立客观性。我想详细阐释产生这种结果的一个原因。

我指的是我们面对的各种生活方式，当看看我们周围的客体，从建筑的结构到书籍的形式，从雕塑到公园再到家具，都体现了文艺复兴风格或者日式风格、巴洛克艺术和法兰西第一帝国风格、前拉斐尔风格和现实主义的实用风格。这就是我们历史知识增加的结果，这反过来又与前面提到的现代人喜欢变化的嗜好有关。所有历史思考都需要头脑的灵活、需要有能够强调并重建一个人不同思维的能力。

因为所有历史，不管它多大程度上与直观材料打交道，只有其根源是有关基本的兴趣、情感和追求的历史时，它才有意义，才是清晰可见的。即便是历史唯物主义也不过是心理－逻辑上的假设而已。

要掌握历史，感知的头脑就要有可塑性和灵活性，要提高对变化的喜爱。我们这个世纪的历史化倾向，它再现并使最遥远的事物恢复生机的能力，在时间和空间上，都是它的适应性和广泛流动性普遍发展的内在方面。这就是被我们的文化所吸收、呈现并欣赏的风格多样化的根源。如果每种生活方式自身都是一种语言，有特定的发音、词形变化和表现生活的句法，只要我们只知道造就周围环境的一种风格，那我们就不会把这种风格当作一个独立自主的因素。没有人说母语会幼稚地觉得他必须咨询客观的规律规则，就像母语是置于他的主观性之外的东西，为了从中借鉴表达其感受的表达方式，符合独立规范的表达方式。

相反，在这种情况下，他想表达的和他表达出来的，就是同一个个体，只要我们懂外语，我们感受的不仅是我们的母语还有其他像这样是独立实体的语言。

同样地，只知道一种渗透他们整个生活方式的人会认为这种方式和这种方式的内容是一样的。因为他们创造或构思的一切都是自然而然地以这种方式表达出来的，所以就没有任何心理理由要把风格同塑造和构思过程中的材料区分开来，或者将这种风格堪称是独立于自我的一种形式。

只有当存在了各种既定风格时，人才会把风格和其内容分开，以便其独立特定的意义让我们自由选择这种还是那种风格。通过风格的分化，各个风格以及一般的风格成为了客观性的事物，该事物的有效性不受人类主体以及人类的兴趣、行为、喜欢或不喜欢的影响。我们文化生活的整个直观环境分解成了多样的风格，这瓦解了主体和客体尚为分离前它们与风格的最初关系。我们面对的世界有着表达的可能性，每一种可能性都根据自身的规则，带着大量表现整个生活的形式向前发展。在这一边的这些形式，和在另一边的我们的主观性，就像两派，中间是接触、和谐和不和谐占主导地位的纯粹偶然关系。

大致上来讲，这就是现代文化客体化过程的轨道。这一过程是通过在个体和客观意义上的劳动分工和专门化实现的。整体画面就是由所有这些现象组成的，其中文化内容变成了与文化接受者和生产者都相关的越来越有意识的客观的精神。就文化客体化程度的增加，我们开始考察的奇怪现象就变得可以理解了，那就是个体的文化增长可以大大落后于物质文化（无论是功能上还是精神上）的发展。

主观文化偶尔出现的优势

文化现象偶尔出现的这种相反情况，表明精神的两种形式之间是相互独立的。下面这种现象说明这是一种伪装的和扩大的方式。在德国北部的农村经济，似乎只有以单独继承地产权的形式才能生存下去。继承人之一继承了地产，而其他继承人就获得了小于地产对应市场价值的数额赔偿。如果要根据市场价值来估价——目前地产要比其预计价值高，那赔偿就背上了很大的抵押额的负担，以至于只有价值不大的工厂才能保存下来。

然而现代个人主义的公平要求用金钱来机械衡量权利的平等，不让任何后代获利，即使这是一个客观可行的企业出路的前提条件。这种程序无疑提高了特定个人的文化标准，然而是以客体文化的落后为代价的。这种差异实际上在现实的社会体制中可以看得到。在这种社会体制中，比起个人，社会的发展速度要慢得多，保守得多。

同样的情况还有比如说，生产关系在经历了特定阶段后，被不断自我发展的生产力超越了，那么生产关系就不能再充分地表现和利用生产力了。很大程度上这些生产力就有了人的本质：人的能力和雄心在企业的客观形式中再也找不到合适的位置了。只有当迫切要求改变的因素变得势不可挡时才会发生必要的转变。

到这个时候，生产的客观组织就落后于个人经济能力的增长。很多妇女运动可以用这个过程来解释。现代先进的工业技术把原先妇女必须完成的家务事转移到了外面，在外面可以更廉价更方便地解决家务活。结果，很多中产阶级的妇女生活就没了核心，而又没有其他活动代替。现代女性经常性的“不满足”感，浪费精力（都可以带来各种困扰和毁灭），为了证明在家庭以外的价值，她们所做的一部分正常，一部分反常的研究，都是带有客观性的技术比人类更独立更快地发展的结果。现代婚姻不圆满的特点也源于类似情况。强加于个人身上的婚姻生活的固定形式和习惯，与夫妻双方尤其是妻子的个人发展背道而驰，她的发展可能远远超出这些形式和习惯。

据说个人现在倾心于自由、互相理解以及权利训练机会的平等，而传统的婚姻则没有任何发展这些的空间。你可能会说婚姻的客观精神落后于它的主观精神发展。法学的情况同样如此。在某些事实的基础上合逻辑地发展，在特定的条文中以明确的法律记录下来，它对生活条件和需求的变化有着严格要求，这就像一种永远的疾病被传下去，任何理由都是毫无道理的，而祷告就是诅咒。只要宗教冲动被确定为很多的特殊教义，这些教义由为信仰而保留下的共同团体通过劳动分工表现出来，宗教就会遭遇同样的命运。如果你记住了，这种相对独立的生活带着它的客观文化形式，即历史基本运动的结果，与人类主体相对，那历史进程的疑问就没那么复杂了。

如果每种解释都可以用同样的可能性被证明或反证，错误的原因就在于这些解释不是围绕同一个事物这个事实。比如说，你可以同时主张历史是进步的以及道德规范是不变的，而取决于你是侧重于已经被共同体吸收的固定原则、组织和命令，还是侧重于个人和客观理念的关系以及个人道德行为的好与不好。

进步与停滞可能同时存在，不仅存在在历史生活的不同范围，而且存在在同一个范围，这取决于关注的是个体还是组织的进步。对组织而言，虽然它们是从个人贡献而发展的，但是它们还是有着自己的独立客观精神。

虽然客观精神的发展速度可能超过主观精神，但反过来也有可能，为着前种情况我想回到劳动分工的意义上。

简单地说，下面这种方式有着双重可能性。体现在各种产品里的客体化的精神优于单个的个体，这一事实要归因于生产模式的复杂性，而这种复杂性是以极大数量的历史性和物质性因素、先驱者和合作人为先决条件的。

结果，产品可能包含的能力、特性和额外的潜力都不再生产者的掌握之中。这种情况在劳动分工导致的结果，尤其是现代技术中很常见。只要产品是由单个劳动者生产，或者以相对非专门化的合作形式生产，在产品中客体化的思想内容和能力就不可能超出个人的思想内容和能力。只有复杂的分工，才能把从很多个体得来的能量赋予个体产品，因为作为统一体的产品，与单个个体相比，在很多方面肯定要有优势得多。组成客体的特性和长处，在客体身上的积累是没有限制的，而个体的发展在时间上和本质上都受到自然限制。虽然客观产品吸收了很多个体的特点，为它的发展提供了很好的可能性，但是它因此也失去了完美性，这种完美性是单个人类主体的能力整合的结果。

国家，特别是现代国家，就是这种情况最好的例子。理性主义谴责君主制逻辑上是自相矛盾的，君主一个人统治着极大数量的人。这种批评忽略了这一事实，形成君主制国家的人，其意义与作为君主的人是不一样的。他们只以他们的存在性和能量的一小部分参与到国家生活中，而存在性和能量的其余部分都延伸到其他群体中了，而他们的整个人性就不可能包含在其中的任何一个里。但是君主把自己与国家等同起来，比他的任何一个臣民都更投入在国家中去。只要国家还是君主独裁制，即统治者有着无限的权利支配他的臣民，这种差异就会存在。相反，在现代的法治国家精确地划定人民受国家约束的范围，国家区分不同的人，为的是选定某些部分组成自身。这种区分程度越大，国家作为一个客观组织——它的形式与个体相抵触——与个体的不同就越明显。

因此，国家就成为其主体不同因素组成的整体，一个明显既高于个体又低于个体的整体。由不同个体的精力结合而形成的客观精神的组织，情况也同样如此。因为不管这些组织在客观思维内容还是进化潜力上怎样超过个体，我们看它们就像看一个纯粹无活力和无灵魂的机器，只不过分化和合作因素的数量增长不同。这里精神（mind）和灵魂（soul）的区别就浮出水面了。灵魂是作为我们的主体性的精神（思维的逻辑—观念内容）为主观性而假设的形式。因此，这个意义上的精神，就没必要形成没有灵魂的整体性。看起来好像精神内容在某种程度上分散在不同地方，只有灵魂把它们合成一个整体，就像无机体组合成一个有机体和生命的统一体。相对于意识的各种内容而言，就其独立有效性和客观意义而言，灵魂既有伟大之处也有缺陷。

柏拉图说理念的王国是不断完善的，是完全自足的。

这些理念只不过是思维的客观内容，摆脱了任意的实际表现，因此对他而言，灵魂对事物意义苍白的、模糊的和妄想的反映是不完美的、有条件的、难解的。

然而对我们而言，图像清晰、逻辑明确的形式不是衡量理念和现实的唯一标准。对我们而言，个性的统一性——事物的客观精神意义也引导至此——才是至高无上的标准。只有在这里生命和力量的发展才会产生摩擦，只有在这里温暖感情的神秘线索才得以发展，而在纯客观化的明确的理念中的完善中这些线索没有地位也不会得以允许。精神的情况也同样如此，客体化了的我们的精神，是作为客体与我们的灵魂相对立。

当然，两者的差异会发展到这个程度：客体是数量不断增加的人群的劳动的合作性分工的结果，因为客体已经越来越不可能把整个的个性——灵魂的价值、生命和独特性的一部分——融合到产品里去。由于现代的分化，以及与此紧密联系的我们文化产品的机械化本质，客观精神缺乏这种精神性。这也许是如今高度个人主义和敏感的人憎恶文化进步的最后结果。当然，客观文化越是取决于劳动分工的发展，越是普遍现象的一部分或结果，这种情况就越有可能，在我们如今的时代，重要的事物不是由个体而是由大众实现的。

劳动分工实际上产生了这样一种情况，甚至是个人个体都已经成为大众的产品。把个体分解成特殊的能量，这由我们的劳动组织过程决定，然后把分化成客观的文化产品的东西组合，导致形成剥离了灵魂的产品，以及越来越多的人参与到这种产品的生产中。现代文明的灿烂和伟大与柏拉图光辉四射的理念王国有着相似之处。

在柏拉图的理念里，事物的客观精神存在于无瑕疵的完美中，但是没有某些个体的价值，不能溶解于客观性的价值。正是客观精神的这一缺陷，使人们认识到这些价值的特性就是片段、非理性和短促的。的确，个人的精神性是有价值的，作为纯粹的形式，它坚持自己的价值，尽管其内容很平庸，反唯心论的。

个人的精神性是个人存在的特殊意义，与存在的客观方面相对立，甚至对那些我们讲过的例子，即个体主观文化在后退而客观文化在进步，也是有意义的。

客观化精神及其向主观化精神的演化的关系，对每一个文化共同体尤其是那些与生活方式有关的文化共同体至关重要。如果方式的重要性在于它能够以相关的形式表达任何多样的内容，那么主客观精神（在数量、大小和发展速度上）的关系就是相同的，甚至在文化精神大不相同的内容上也一样。

生活的普遍方式，即社会文化为个人冲动提供的框架，限定在一下问题中：个体的内心生活是靠近还是远离他那个时代的客观文化的进程？个体是认为这种进程——他只了解一些——是好的，还是认为他的个体价值要高于所有物化的精神？那些客观的、既定的历史因素是不是他精神生活内部的自主力量，以至于这些因素和他个性内核彼此独立发展？或者说，灵魂是自家的主人，还是内心生活建立起的标准、意义和节奏以及作为中立的内容被吸收到生活里的东西之间至少是和谐的？

这些抽象描述描绘除了无数日常生活的兴趣和情绪的轮廓，这样一来也同样揭示了主客观文化之间的关系在多大程度上决定了生活方式。

货币与这些对立发展的载体之间的关系

如果这种关系目前的形式是由劳动分工保持的，那它同样也是货币经济的分支。首先，因为生产过程分裂成众多的部分操作，需要一个准备可信的组织，而直到奴隶劳动结束前，只有拿薪水的工人才能形成这样的组织。任何其他雇主和劳动者之间的间接关系都需要无数的组成部分，部分是因为不能轻易提供并决定这种支付，部分是因为只有纯粹金钱关系拥有绝对的客观和自动的特征，而这两个特征又是高度专门化和非常复杂的组织的先决条件。其次，因为随着生产越来越专门化，导致货币出现的重要原因变得越来越紧迫。一个人放弃另一个人所需的，只要后者给前者需要的东西，这就是经济交易的本质。你想被别人如何对待，就那样对待别人，这一道德规范在经济的形式实现中找到了最好的例子。

举个例子，如果一个生产者找到了想买他欲交换的物品甲的买者，那通常情况就是这样，买者想交换的物品乙并不是生产者想要的。众所周知，两者需求的不同并不总是与他们提供的物品的不同相吻合，这就需要交易的出现。因此，如果甲乙物品的主人不能进行直接交换，那甲物主就可以用物品甲换来的钱买他想要的物品丙，而乙物主可以用同样的方式与第三方进行交易获得买物品甲的钱。因为正是产品的差异性或者对产品需求的差异，导致了货币的产生，所以随着交易里涵盖的物品种类越多，货币的作用就变得越来越重要和不可或缺。

或者反过来说，只有不需要直接交换，才出现了支付手段的详细说明。随着产品和人们需求越来越具体，一个产品的买者正好可以提供生产者所需要的产品的机会减少了。

目前为止，现代分化过程与货币的主导地位相联系的方式没什么变化。相反，主客观文化之间的关系却找到了各自的根源，而且专门化的条件案件和货币经济之间的相互作用形成了一个历史统一体，这一事实只不过是二者固有的综合趋势的逐渐强化。

目前为止还依赖着主客观文化关系的生活方式，也通过这种联系与货币交易紧密联系在一起。货币交易很清楚地表明了这种关系的本质：客观精神优于主观精神，以及主观精神的保留、独立强化和自主发展。客体文化对个体文化强大的优势是客观文化在现代获得的统一性和自主的自足性的结果。生产，连同它的技术和成就，看起来就是一个有着明确合逻辑的规则和发展的宇宙，它与个体对立的方式，就和命运和我们意志的不稳定性和不规律性相对一样。

这种形式化的自主性，这种内在的冲动力——能把文化内容统一成自然物质的镜像，只能通过货币实现。一方面，货币作为这种机体的关节系统起着作用，帮助各自独立的机体组成部分之间进行交换，建立联系，并通过关节系统传送冲动力。另一方面，货币好比血液，渗透身体所有器官的细枝末节，不断循环，供给它们同样的养分，统一它们的功能。因此，货币，作为人和物之间的中介联系，使人能够抽象地存在，从对物的关注以及与物的直接联系中抽身得到自由，没有事物那我们的内在本质不会得到同样的发展机会。

如果现代的人，在较好的条件下，为他的最个人的经验——不是社会学而是形而上学上的意义——找到一个主观的、秘密的封闭的岛屿，这在某种程度上就是补偿了古代生活的宗教方式。那这就要归因于货币把我们从与事物的直接联系中解放出来了，同时方便了我们掌握事物，并选择我们需要的事物。

这些相反的发展倾向，一旦开始就可能会拼命追求一种完全绝对的区分理念，在这个理念里，生活所有的物质内容都逐渐成为客观和中立的，而其余那些没能被吸收的就变得更个性化，成为自我无可争议的财产。这种倾向的一个典型个体例子就是打字机。写作，一个外在的具体的活动，也是唯一一个典型个体的形式，现在可以为了机械化的一致性抛弃它的形式。另一方面，使用打字机有双重好处：首先，已经写好的页面现在只传达纯粹的内容，不会受到写作形式的帮助或干扰；其次，它避免了显露最私人的部分，而手写通常会出现这种情况，不管是在肤浅的、不重要的，还是最亲密的交流中。不管所有这些机械装置多么的社会主义化，精神自我保留的私有财产都会令人妒忌地受到保护。

显然，把主观精神性从日常的外部事物中抽离出来对生活的美学理念是不利的，正如这可能有利于人的绝对自我反省。这两者的结合也许可以解释，为什么有着美学思维的人会对如今的世界绝望，而这些人与那些关注自我救赎的人之间的小小分歧可以潜滋暗长，与萨伏那洛拉时代大不一样。目前为止，货币既是使一切变得中立并外化的象征，也是导致这一切的原因。同时，货币也成为了最隐秘领域的守门人，使得该领域可以在自己的控制发展。

不管这种意识会导致个体的崇高化、个性化和自省，还是被支付的客体由于能轻易地被人获得反过来控制了人，不再取决于货币，而是取决于人自身。这里货币经济再次显示了与社会主义社会的在形式上的联系。因为社会主义所期望的——从个体为生存做斗争中解放出来，获得生活的必需品以及更高等的经济价值——可能同样会产生同样的分化效果，以至于社会的某一部分会一跃而至前所未有的精神性高度，远离世俗的关注，而其他部分却相应地跌至前所未有的现实物质主义。

大体上，在生活方式取决于客观文化对于主观文化的优势的部分里，货币是最有影响力的。货币也可能把他的反面，历史理想的本质和范围，表现得一清二楚。在某些方面，货币好比语言，语言同样屈身于思维和感觉的多种发展方向里。货币属于这些力量，其特点在于它没有特点。但是，它因此会使生活变得很不一样，因为他们的纯形式的、功能的和数量的本质是与由质量决定的生活内容和方式相对的，并诱导它们产生质的新形式。金钱对生活的意义没有被以下事实否决和反驳，而是被这一事实加强和揭示，即金钱支持主观精神和客观精神的两种可能的关系。

第三节

自我与客体距离的变化——生活方式改变的表现

我们很少意识到，我们对精神过程的观念在何种程度上有着纯粹的象征性意义。生活的基本需求迫使我们把有形的外部世界当作我们首先注意到的客体。这些概念就其内容和条件而言是有效的，我们通过设想观察着感受不到的一种存在。这是普遍等级上的客体，每一个即将成为我们的客体的感觉都得要调整自己的形式。这种要求跟精神自身成为自己的观察有关。

首先，对“你”的观察意味着这种观察本身当然就是集体生活和个体坚持己见的最为重要的先决条件。但是因为我们不能够直接观察别人的灵魂，而且所有我们的感知只不过是我们感觉的印象而已，所有心理只是也只不过是对我们自己精神力所感觉到的意识过程的解释而已。当我们面对事物产生感官印象时，就会把这种解释传给另一个人，即便这种传送——是因为它对目标太感兴趣而被关注，也不会意识到其起源。当精神成为对精神自身的理解的客体时，只有通过空间过程的图像才有可能。

当我们说到印象及其之间的关系，提到将印象上升到意识或者降低到意识以下的层次，提到内在的嗜好或压抑，提到情绪的高涨低落，所有这些说法，以及其他不计其数的说法，显然都是取自于对外部世界的观察。我们很确定这一点，掌控着我们精神生活的规律与掌控着外部机械的规律完全不一样，主要是因为我们的精神的个体组成部分缺少清楚的界限和可辨认性。然而我们一贯把这些“概念”理解为一种本质，一种包含了联系与分离、上升与下降的机械关系中。

这样我们就确信，而经验也证实了这一点，这种根据直观的过程对精神的解释代表了精神的内在现实，就像对天文学家而言，他写下的运算方式成功地代表着星星的运行，运算结果代表着真力量的结果改变的图画。

这种关系反过来也同样成立，也就是说根据我们内在生活的内容解释外在事件。我并不是说前者只不过是观念的世界，而是说在某种有关认知学基础上，一旦相对外在现象面临着相对内在现象，这种具体的内在现象就帮助外在现象成为一种可以理解的图像。因此作为整体的客体是通过整体的特征总和实现的，而这些特征只有借助了我们的自我的统一形式才能呈现在我们面前。这样一来，我们就可以从根本上感觉出很多的规定性和命运是怎样附属于一个固定的统一体的。像我们通常说的，外部客体的能量和偶然性也同样如此：我们把对生理心理的张力、冲动、意愿行为投射到客体上去，如果我们把这种阐释性的范畴置于它们的直接可感知性后，那么我们就根据我们内在本质的情感经验在它们身上认清了自己的方向。也许当一个人触碰了内在生活的主要象征下的深层暗流后，他也就偶遇这种相反的内在关系。

如果我们把精神经验当作概念的联系，那么根据空间范畴我们就获得了这些知识。然而也许这种联系的范畴本身是通过一种纯内在的和绝不可见的过程而获得自身的意思和意义。我们说的外部世界的关联，也就是以某种方式统一的统一体，彼此共存，实际上总是保持着彼此乡邻的状态，说到的这种关联是指我们同能通过自己投射给客体的东西，与所有外在事物不可比拟的东西，也就是象征着我们没能陈述的以及不能直接表达出来的东西。这样就形成了一种相对主义，一种内在和外在生活的永无止境的过程：一方象征着另一方，并使它具有可构想性和可表现性，没有主次之分，但是通过他们之间的相互依赖而实现它们——也就是我们的统一性。

存在性的精神和肉体方面越是向这种相互象征的解释开放，它们就越简单。在观念的联系、融合和复制的简单过程中，我们可以坚持一种普遍规律性的理想，也就是要求内在和外在世界产生相似的反应，这样就使得合适的一方代表另一方。对更为复杂和更有特点的精神形式来说，用空间性的生动的类似物来描述有点困难。这就更取决于它适用于各种实例的情况，为的是不显得太武断随意，为了与心理现实的安全保持着安全的（尽管只是象征性）的关系。

从精神自身出发，这种心理现实将会发现，两边的过程越是专门化或越复杂，对事物的理解，或者对事物的意思意义的阐释就越困难越不确定。因为出现在内外现象的形式的身份，为两者架起了桥梁，变得越来越不可能和难以设想。这应该是下面这些看法的介绍，这些看法包含了一系列各种内在文化现象。因此，很明显的是，这些现象属于同一种生活方式，因为它们可以依照同一种直观的类似物来阐释其意义。

以自我个体为中心，生活组成元素围绕着个体，这是经常用来描绘生活元素组成方式的一个图像。这种自我个体和客体之间有一种关系，他人、观念和兴趣，我们只称它们为自我和个体之间的距离。

无论我们的客体是什么，客体连同它保持不变的内容，朝着我们的兴趣圈和视野圈的中心或外围靠拢。但这并没有改变我们与客体的内在关系。相反，我们只能通过自我与其内容之间明确或不断改变的距离的直观象征，才能描述自我与其内容的特定关系。

从一开始，我们把内在存在性划分为自我中心以及围绕在其周围的内容时，我们就创造了一种象征性表达方式去表述难以言传的事务。根据事物离我们远近的不同去看待事物，事物的感官—外观印象有着惊人的差异。不仅是距离的差异，同样也是得到的图像的质以及整个特征的不同，这种象征化的扩张暗示着：与客体内在关系的不同，可以理解为我们与客体距离的不同。

从这点来讲，从形成这样一个统一性的序列的现象里，我首先想强调一下艺术。艺术风格的内在意义可以解释为艺术产生的我们与客体之间的距离的不同。我们最初以最自然的方式把我们自己置身于现实中的视野，所有的艺术都改变了这种视野的范围。一方面，艺术使我们更接近现实。艺术使我们直接与现实特别的、内在的意义产生联系。艺术为我们展示了外部世界冰冷的光怪陆离之后存在的精神性，通过这种精神性使存在与我们相关，为我们所理解。然而，另一方面，所有的艺术又疏离了人与事物直接接触。艺术允许刺激的具体性消退，在我们和刺激之间蒙上一层面纱，就像笼罩了远山的蓝色烟雾一样。艺术使我们接近现实同时又疏离现实的双重效果，有着同样的吸引力。

它们二者之间的张力，应艺术作品各种不同要求对它们的分配，赋予了每一种艺术风格特殊的特征。的确，风格纯粹的存在性就是距离最有意义的例证之一。

风格，我们内在感觉的表现，表明了这些感觉不再直接迸发出来，而是在表现出来前进行了伪装。风格，作为个别现象的一般形式，是一块面纱，给那些感觉表现形式的接受者强加了一道壁垒和距离。甚至是力求超越人与事物距离的自然主义，也遵守所有艺术的基本原则：使事物与我们之间有距离，从而让我们更接近事物。只有自欺欺人，我们才不会认识到自然主义其实也是一种风格，在相当明确的先决条件和要求的基础上，自然主义也会组织并重塑印象的直接性。艺术历史进程无可辩驳地证明了这一点。

在艺术历史进程里，一段时间被认为是现实的真实真正再现的想法，过一个时期就会被认为是最为偏见最错误的，而这个后一时期就会声称它们现在才是真正地呈现事物。像科学上的现实主义一样，艺术上的现实主义也犯了这个同样的错误，它们假设没有一种先验性，没有一种形式（产生于我们本质的倾向和需求）也行得通，因为这种先验性和形式给我们的感官世界提供了一件外衣，或产生了一种蜕变。现实屈从于我们的意识产生变化，这种变化显然是我们与意识存在性之间的障碍，但同时也是我们感知并表现意识的前提条件。

事实上，从某种意义上说，如果我们从自然主义偏好日常生活的、平淡无奇且乏味的事物这个角度去看待自然主义，自然主义也使我们和事物之间有了明显的距离。因为毫无疑问自然主义也是一种风格化，如果自然主义使用某种直接的、粗糙的、世俗的材料，这种风格就会更受到高雅艺术感的欣赏，这种艺术感认为不管以什么方式呈现，艺术都存在在艺术作品里，而不是对象里。

这种距离增加及减少的现代趋势

整体上来讲，近代的美学兴趣增加了事物转化为艺术的距离感。我想到的是那种时间和空间都很遥远的艺术风格，对我们现代艺术感产生的巨大吸引力。很多生动刺激的观念都是由很遥远的事物引起的，而这满足了我们对刺激的多方面要求，尽管因为与我们最个人的直接的兴趣无关，但这些奇怪而遥远的观念使这些兴趣产生了微弱的光芒，因此对虚弱的神经就更是一种舒服的刺激。

现在我们称之为“历史精神”的东西，也许不仅是这种现象的有利条件，也与其有着同样的根源。通过大量的与空间上和时间上遥远的兴趣相联，这种历史精神使我们面临与人和物直接接触产生的震惊和困惑更为敏感。远离现时更容易做到，会少一些失落，某种程度上来说是合适的，只要它能够导致对具体现实的认知和享受，即使现实很遥远，而且不能直接被感知。因为这一过程，就产生了现在生动地感受到的片段、纯幻象、格言警句、象征、未完善的艺术风格带来的魅力。所有这些形式，为艺术所熟知，把我们放在离事物实质有一段距离的地方。

事物“仿佛在很远的地方”对我们讲话，我们不是用带着信心直接而是用马上就要拿开的手指去触碰现实。我们极为讲究的文学风格不直接描述事物，它只用语言触碰事物遥远的角落，然后抓住盖在事物上的面纱而不是事物本身。这一点最清楚地被雕塑艺术和文学里的象征主义倾向表现出来了。这里，已存在于我们与事物之间的距离被拉长了，上了一个更高的等级，形成最终刺激此能力经验的观念在艺术作品本身里已没有了直观的对应物，只不过被另一种相当不同的感知所激发。

在所有这些当中，我们发现了一种情感特征，它在病理学上的变形就是所谓的“接触恐惧症[①]”：害怕太过于接近事物，一种神经过敏症的结果，每一次直接用力触碰就会感觉疼痛。所以现代很多人的脆弱、精神性和有差别的敏感在负面的习惯中找到表达方式。也就是，他们容易被他们不接受的东西冒犯，他们直接拒绝他们认为不快的东西，他们反感许多（如果不是最多）别人提供的有趣的东西。

然而，正面的爱好，比如，积极地肯定、对喜爱的东西愉快地毫无保留地接受，简而言之，就是积极的合适的能量，却明显地缺乏。

然而，这种距离所象征的内在趋势的体现大大超出了美学范畴。举个例子，哲学上认为可以直接把握现实的唯物主义，现在也让位于主观主义或者新康德理论，后面这些理论认为事物经由大脑这个媒体反映或提炼后才有可能成为认知。

现代的主观主义与艺术有着同样的基本动机：通过与事物疏离然后回归自我，或者有意识地承认我们与事物之间不可避免的距离，从而获得与事物的更紧密更真实的联系。当面临着更强烈的自我意识时，这种主观主义难免导向对我们内在本质的强调，而另一方面当它要表述最终目的，或者要赋予能经常展示它最内在根基的情况一种自然主义形式时，它就与一种新的更深刻的和更有意识的谦虚结合起

① 原文为“agoraphobia”（广场恐惧症或陌生环境恐惧症）。而根据本文这里的解释，应为“接触恐惧症”。

来，故意有所保留。比如，在其他科学领域，与道德观念相关，陈旧的实用性作为意愿的评估标准退得更远。这里我们可以看出来，对行为的描述只涉及近在手边的关系，所以为了超越实用性作为手段的纯技巧性，实用性就必须从更高级的通常是宗教原则（与感官直接性没有关系）获得一般性的指导。

最后，在这种特别细化的工作里，各方面都要求融合和普遍化的要求：也就是，要求所有具体细节有个综览的一种距离的呼声，一种鸟瞰的呼声。在这种视角下，所有因接近而生的不安定因素都被超越了，先前只能触碰到的东西现在可以理解了。

如果这种趋势没有相反趋势的相伴，它就不会变得这么有效而引人注意。你可以以两种不同的方式解释现代科学与世界之间的内在关系。情况确是这样：我们自身与事物之间的无限距离已经被显微镜和望远镜超越了，但是也正是在我们超越了这些距离的时候我们才第一次意识到这些距离的存在。

如果还要在这个事实上加上这一点：每一个已经被解决的问题就产生了一个又一个新的问题，而且越接近事物通常只会表明他们真正还离我们有多远。那时就得承认：从主观的角度来说，并根据感官和信仰（虽然是错误的），在神话盛行的时代，在认识相当一般化、表面化，用拟人论看待自然的时代，人和事物的距离才有可能比现代任何事物的距离要短。

所有那些我们用来参透自然内在方面的聪明方法只可能以缓慢的速度，以零碎的方式取代古人与自然熟悉的亲近关系。这种亲近关系是通过希腊神话，通过根据人类的冲动和情感来解释世界，通过为了人类福祉的目的论思考与对个人有效的神联系起来而形成的。首先我们可以这样描述这种差异，外部世界被占领的距离越多，精神世界增加的距离就越多。当把这种象征性的表述用到另一个完全不同的领域，会再次证实其恰当性。现代人与他周围环境的关系是以这种方式发展的：群体越靠近他，他离群体就越远，为的是更接近那些离他越来越远的东西。

家庭关系的不断瓦解、郁于最亲密的群体——在群体里忠诚和自由同样都是悲剧性的——是无法忍受亲密关系的感觉、对个性（断然切断其与环境的直接联系）的不断强调——与疏远的这整个过程肩并肩的是与最遥远的东西的关系的形成，对在远处的东西感兴趣，和群体（它的关系代替了所有空间上的接触）在精神上的结合。呈现出来的这整个画面当然意味着真正内在关系距离的不断拉大，以及外在关系距离的减少。

文化发展产生这样的事实：一方面，之前无意识、出于本能的成就稍后却呈现出清楚的可说明性和破碎的意识。另一方面，之前需要仔细注意和下意识努力的东西变成了机械的例行公事和本能的理所当然的东西。因此，相应地，离最遥远的事物距离近了，其代价就是离原本近的东西的距离远了。

在这种双向过程中货币的作用

货币在这种双向过程中的作用的范围和强度最初是以对距离的征服显示出来的。不需要详细解释这个事实：只有把价值变成了货币形式，利益——其中利益双方的空间距离完全不重要——之间才有可能相互联系。

在成千上万个可能的例子中举一个例子：只有通过货币这个手段，一个德国的资本家和德国的工人才有可能参与到西班牙的内阁改组、非洲金矿的利润以及南美洲革命的结果中去。

然而，对我而言，金钱作为相反发展倾向的载体才更为重要。家庭关系的松散源于个体成员特殊的经济利益，这只有在货币经济里才有可能。首先，货币经济有这样的情况，维持生计的手段可以完全建立在个人才能的基础上。

因为只有和个人才能相等的货币形式才有可能给特定的劳动估价，而货币形式没转化成一般价值，就不能达成相互交易。相等的货币形式使个人与外部世界联系起来，使个人进去到他所不熟悉的群体中，而这些群体只对劳动的货币价值或者成员做出的金钱贡献感兴趣。建立在集体所有制的基础上的特别是土地所有制的家庭体系就完全相反。

集体所有制导致了利益的一致性，在社会上的表现就是家庭成员关系的连续性，而货币经济有可能甚至是迫使家庭成员的相互疏远。除了家庭生活形式，现代生存的某些其他形式，取决于货币交易带来的距离感。

货币交易消除了人与人之间的壁垒，交易中只有一方得到了他真正所要的、符合他需求的东西，而交易中的另一方却只得到了金钱，只得去寻找第三方满足他的需求。交易的双方带着完全不同类型的利益，给相反利益带来的对立之外增加了新的疏离因素。

以同样的方式，金钱导致了交易的普遍客体化，消除了个人色彩和趋势。而且，在金钱基础上建立的关系数量不断在增加，一个人对另一个人的重要性（即便通常是以隐秘的形式）可以追溯到金钱利益上。以这样的方式，人与人之间形成了壁垒，然而这种壁垒却是现代生活所不可或缺的。因为如果没有这层心理壁垒，大城市交往的彼此拥挤和嘈杂混乱简直无法忍受。因为大都市城市文化，连同其商业的、职业的和社会交往迫使我们在心理上去接近大量的人，如果社会关系的客体化没有内在的底线和保留的话，敏感而紧张的现代人就会完全陷入绝望中。

关系的金钱化特征，不管是公开地还是隐藏在上千种形式里，在人与人之间形成了一条看不见的功能性距离，是对抗我们文化生活里的拥挤接触和摩擦的内在保护和协调。

金钱对于生活方式起的同样作用甚至更深地渗透到个体的人类主体中了，不是指人与人之间的疏离，而是人与生活的客体的疏离。

如今财富来自于生产手段而不是像原始时期来自消费手段，这一事实表明了距离感的巨大程度。正如文化客体自身——在这些客体中已经完成的产品与原材料距离越来越远——的生产不断加入了新的阶段。因此财产所有权在技术上，因此也是亲自地使财产所有者与所有财富这个终极目标距离变得更远，比财富仅仅意味着有了丰富的直接消费可能性的时代时，这两者的距离要远得多。在生产领域里的劳动分工（与货币系统相互作用为条件），有利于产生相似的内在结果。个体越少参与产品的完成，他的活动看起来越处于最初阶段，活动的来源看起来就离他劳动的最终意义和目标越远。

直接地说，就是正如货币介入在人与人中间，货币也介入在人与商品中间。因为货币经济的出现，我们就不再至于面对经济交易的客体了。我们对客体的兴趣就被货币这个媒介破坏了，客体的客观意义就与我们的意识没有关系了，因为有了货币价值，客体或多或少就从我们的兴趣范围里它的合适位置上驱赶出去了。

如果我们回想下目的意识被放在金钱这个层面上有多频繁，那么金钱以及它不断扩大距离的作用使我们跟客体精神上的距离越来越远。情况通常是这样的，我们看不到客体的本质，所以与客体整个特殊存在的内在联系也瓦解了。

不仅文化客体是这样，我们整个生活也因其与自然的疏远而受到影响，货币经济强化了这一情况，城市生活取决于货币经济。可以肯定的是，只有通过这一过程才可能有对自然的独特美学的和浪漫的感受。不管是谁的生活与自然有着直接的联系，不了解其他生活形式，他就会在主观上享受自然的魅力。但是因为他缺少了与自然的距离，只有在距离的基础上他才能进行美学思考，才能产生宁静的悲伤，才会渴求疏离感和失落的天堂，这些都是对自然的浪漫反映。如果现代人认为自然的最高享受就是阿尔卑斯山的皑皑白雪或者北海之滨，那么这就不能单纯被解释为对刺激的需求。

也可以这样解释，这个不可接近的、事实上拒绝我们的世界代表着是自然对于我们的意义的极度强化和风格化：一个精神上遥远的图像，即使身体上接触到了内心里却仍无法接触，一个从未被实现的诺言，对我们的热情奉献只回报以些许的抗拒和陌生感。风景画——一种取决于与客体的距离，取决于于打破客体与人的自然合一的艺术，只在现代得到发展，因为现代才有对自然的浪漫感觉。这些都是不断远离自然的结果，是建立在货币经济基础之上的城市生活强加在我们身上的奇怪的、抽象的存在性的结果。这与正是有了金钱我们才可能飞向自然这一事实绝不矛盾。

人与自然之间硬加入了一些东西，一些联系两者同时又分离两者的东西，只有在这种条件下，城市人才能享受自然，而不管这种自然有多少种变化或者仅仅只是一个后果而已。

信　贷

货币的这种作用在它的扩大形式——信贷里显得更为明显。比起货币作为现金的中介，信贷使货币概念的序列扩展得更宽，使我们更明确地意识到了货币无限制的适用范围。债权人和债务人之间关系的支点似乎在二者的联系的直线以外，与二者的距离更远：个体的活动及交易因此就获得了有远见的特征以及被强化的象征性。

汇票或者货币债务的概念一般都代表着遥远客体的价值，客体的价值浓缩在汇票里了，正如从一定的空间距离上用全景法看整个景色，景色的内容缩短了一样。

正如金钱使我们与客体之间有距离，同时又把客体向我们拉近——因此金钱就在这种相反的效果中展示了它的中立特征——信贷工具对我们整个的资产也有着双向作用。一方面，有人指出过支票交易是对抗奢侈挥霍的缓冲剂；有现金在手里，有些人就更容易有非必要的花销，要比钱存储在第三方手里消费是只需要签张支票容易得多。另一方面，在我看来，轻率行为的诱惑似乎更强烈了。如果一个人眼前没有可以供花销的现钱，但是他只要用笔在支票上划一下，一切就可以解决了。一方面，支票交易的形式，通过设定在我们之间的多种流通机制，将我们与金钱分开了。然而，另一方面，它又使交易变得简单了，这既源于技术上的也源于心理上的方便，因为我们对作为现金的货币的价值有着直观的认识，这就让我们很难割舍它。

我只想引用下信贷交易相关特征的一个例子，虽然不是很普遍，但信贷确实非常恰当的。一个旅行家引用过一个英国商人曾经下的定义："一个普通人就是买东西用现金支付的人；而一个绅士就是我允许他赊账，他每六个月用支票付款给我的人。"这里首先要注意的是基本态度：并非你绅士就可以赊账，而是你要求赊账了你就是绅士。信贷交易似乎显示出更大的突出性（distinction），可能要追溯到两种不同的情感上。

首先，信贷交易要求信任。信贷交易突出性的本质不在于它表露其观点和信贷的价值，而是直接假设对它的信任。相似地，这就是为什么大肆炫耀财富其实是缺少突出性的迹象。

当然，信任总是暗含着风险，身份显贵的人要求另一个人带着这种风险和他们进行交易，潜台词就是他们不认为这是一种风险，他们不愿意为此付保险费，因为他们认为自己是绝对可以信赖的。这种态度在席勒的名言里有所体现：高贵的人凭借他们的身份而不是他们的行为来付账。可以理解的是，用准备好的现金付款意味着这个商人有狭隘的市侩作风，因为在这种情况下，经济序列里的各个阶段都压缩在一起，然而在信任的基础上信贷交易却给予了双方一定的距离。

在任何地方，更高级的阶段的特征是，原来各组成部分之间的亲密关系和直接的统一性瓦解了，为的是把各组成部分作为独立的突出的实体统一到一个新的、更为抽象、可理解的整体里去。在信贷交易里，价值交换的直接性被一种距离所取代，距离的两端是信任；正如上帝和个体灵魂间的距离——与所有拟人观和所有感官概念相对——越大，个体宗教情节就越浓，为的是使作为二者桥梁的信仰在最大程度上起作用。商业圈里的大宗交易感觉不出信贷的突出性这个因素，是因为信贷已经变成了中立的组织，信任已经失去了其特定的个人性特征——没有了个人性特征，突出性的范畴也就没用了。

首先，信贷已经变成了交易的技术形式，不管它有没有微弱的心理暗示。其次，小额债务累积到最后用支票支付，使买主对交易商产生了某种保留。现金交易中普遍的持续直接接触完全消失了。从表面来看，或者从审美的角度看，商人的交货有了一种献贡的形式，一种向强大的接受方的一种奉献，至少在个体情况开看，商人没有得到回报。因为到了信贷交易的最后阶段，支付不是人与人直接进行，而是通过支票，通过汇款单变成了银行里的客观账户，这就使个体的表现行为得到保留。

因此，从各方面来看，“绅士”和交易商之间的距离更突出了，距离是“绅士”这种概念的基础，也是这种交易的合理表述方式。

高兴的是，只用这一个例子就说明了信贷的距离化效应对生活方式的影响，而且只需要加上一个与货币作用有关的普遍的特点。现代，尤其是近代，都充斥着一种紧张、期待和未被释放的强烈欲望——仿佛预感到最重要的东西，预感到生活和事物的特定意义和中心点。这显然跟较成熟的文化里过于强调生活手段优于生活目的有关。

除了金钱，军国主义也许是这方面最突出的例子。常规军只是一种准备、一种潜在的力量、一种偶发事件，其最终目标和目的不仅很少会实现而且不计代价避免它的实现。

的确，大规模的军备力量只是为了预防战争爆发的手段。在目的论的网里，我们最终到达了用手段颠覆目的这一矛盾的顶峰：手段意义的增加与对目的的拒绝和否定齐头并进。而且这种因素不断逐渐渗透到人们的社会生活中。它直接地干预人与人的、政治的和经济关系的很大范畴，并间接给予特定年龄人群和社会圈子以特色。

技术的繁荣

技术的先进以及估价方式使最后目的变得虚幻的趋势显得不那么明显。如果技术成就对于生活意义而言，最好意味着手段或者工具，或者像很多情况下两者根本没有关系，那么，从失败的诸多原因里找出技术的作用，我只想提下技术自主发展取得的辉煌成就。在特定范围的界限和内在先决条件里已经到达的高度、广度和完善程度，人类很容易把它们与这个范围作为一个整体的意义混淆在一起，这几乎是人类最普遍的也避免不了的特征之一。

个体部分取得的财富和完美程度，该领域接近它自身普遍存在细节的程度，很容易被理解成它自身的价值和尊严，并把它与其他生活组成部分联系起来。某些东西在所属的类型里，与这种类型的要求相比，有可能很出色，然而这种类型本身被评价成某些微不足道和价值很低的东西——这样一种认识预先假定，在个体的单独情况中有着非常敏锐的思维模式和完全不一样的价值观。我们经常会受到这样的诱惑，为了夸大我们所取得的成就的重要性，把这个成就所属范围的巨大成就归到这个成就上，把成就的相对优势提到绝对优势的高度！当拥有一种价值的详细的细节后——从收集者狂热的对象到一个特定科学学科的专门知识，我们通常就会就会自欺欺人地认为，这种特定的价值在所有价值环境下都是有价值的，就像单独的个体对于特定领域的关系。

基本上，这是因为同样的形而上学的错误：把一个整体的组成部分与其他部分彼此相关所具有的特征转移到这个整体上。

正是因为这个错误，举个例子，对因果关系——它对世界其他部分有效，它们彼此之间的关系——的要求就同样上升到与整个世界有关。这对于热衷于现代技术的人来说最为陌生。然而情况是这样的：与以前时代相比，在承认了实现了某些目标的基础上，现代技术达到的相对高度被技术自身提高到了这些目标和进步的绝度高度。我们现在确实用电气石和照明设备取代了油灯，但是对照明技术取得的成就的热衷使我们有时候忘记了重要的不是照明设备本身而是完全被我们看见的东西。

人们对电报和电话技术取得的成功很狂热，经常使我们忽略了这样一个事实：真正重要的是人们所说的东西价值，与这相比，交流手段速度的快与慢常常是一件事情，它只有通过篡夺才能得到现在的地位。其他无数领域情况也同样如此。

生活的次要问题，即围绕着生活本质的东西，已经控制着生活的中心，甚至是我们。这一事实使得手段对于目的的优势地位已经达到顶峰了。虽然可以这样说，我们服务于自然就是我们控制自然的程度，但是在传统意义上只有对生活的外部形式来说，这种说法才是正确的。如果我们考虑下生活的整体性，那么只有以被自然奴役，以及放弃精神性作为生活中心的地位为代价，我们才能够控制自然。这一领域的这些幻觉在它所用到的术语里得到清晰的表述，并且通过以客观性和从神话中解脱出来的自由为豪的思维模式，揭示了这些优越性的直接对立面。我们征服或者控制了自然，这是很幼稚的说法，因为它预先假设了自然本身有着一种抗拒和目的性的元素，对我们人类有敌意。然而自然是纯粹漠然的，我们对它的征服并不影响到它自己的规律性。

相反，所有控制与服从、征服与屈从的概念，只有在打破了相反意志时，它们的意义才是恰当的。换个说法，自然规律的有效性对事物施加了无可逃避的强迫性。然而，首先，自然规律根本不起作用，因为自然规律只是针对特定物质和力量的活动公式。

对自然科学方法的这种幼稚的误解——假设自然规律作为真实力量直接指导现实，就像国王统治他的王国一样——就像幼稚地相信上帝直接控制着我们的尘世生活。

所谓的强迫性，即自然活动同样受制于这种强迫性，也具有误导性。但是人类精神受到这些领域里规律的制约，只是因为存在着一种把我们导向另外一个方向的感情冲动。

这样的自然活动并不需要在自由还是受强迫这二者里选一，而且“必然性”给事物的单纯存在性注入了一种二元论，而这种二元论只对有意识的头脑有意义。尽管所有这些看起来只是一种说法，但它确实误导了那些肤浅地认为神人同形同性的人，它也确实说明了思维的神话形式在自然科学的世界管理如鱼得水。人类掌握了自然这种观念使我们对人与自然的关系沾沾自喜，而即使在比较人与自然的基础上，这种关系是可以避免的。

的确，客观图画当然表明了自然正在逐渐被人类征服，但是这并不能决定主观反映，即这种历史事实的心理意义不会朝着反方向发展。大量的知识创造了现代技术的理论基础，这些知识的确看起来像是实现了柏拉图的理想——使科学对于生活的优越性成为现实，我们不应该被这些知识误导。那些我们用科技把自然力量和物质缝合到生活里的线，我们也可以很容易地认为它们是拴住我们的脚链，认为它们是使就生活本质而言可以丢弃的东西变得不可或缺。

在生产领域里，我们已经说过，机器本来是用来把人类从自然中解放出来，结果它却使人成为它的奴隶。在更细致更全面的内在关系里，情况更是如此：我们通过服务自然来控制自然暗示着它的可怕的反面，即我们靠控制自然服务于自然。

现代生活的意义和精神潜力已经从个体形式转移到大众上去了，这种想法是错误的。相反，个体形式转移到客体的形式里去了：它存在在物质极大的充裕里、机器所带来的便利和复杂的精确性里奴隶以及当代文化的产物和超个体的组织里。

相应地，那威胁着个体的独裁专制和个人强烈的标准独立性的“奴隶的反叛”并不是大众的反叛，而是客体的反叛。正如，一方面，我们变成了生产过程的奴隶，因此另一方面，我们就变成了产品的奴隶。也就是说，自然通过技术手段提供给我们一些东西，而通过无尽的习惯、无尽的娱乐和无尽的肤浅需求，这些东西现在掌握着生活的自立和精神中心。因此，手段不仅统治着特定的目的还同样统治着目的的中心，所有目的均汇集于这个中心，并作为最终目的从这里发源。

因此，人就与自身疏远，在人与他最本质、最关键的存在中间，有一道来自中介手段、技术发明、能力以及娱乐的无法逾越的障碍。

从没有哪个时代像这个时代，如此强调生活的手段内容，与生活的中心、明确目的完全相反。因为人的精神完全被放在目的和手段的范畴上，所以他的命运注定要在手段和目的的相反的要求之间摇摆不定。手段总是暗示了使用力量和意识的内在困难，那就是力量和意识并非真的为手段服务而是为其他东西。然而，生活的意义并不在于实现生活赖以追求的各条件的永恒和谐。

事实上，我们内心生活的活力取决于这种手段与矛盾对立的持续，取决于也许与这种对立根本不一样的生活方式，取决于一方对另一方的优势以及任何一方的心理逻辑。在现代，技术的优势性明显地意味着清楚的精神意识（既是原因也是结果）的优势地位，我已经强调精神性和思考性在科学技术时代的喧嚣繁荣中停滞了，不得不痛苦地感受到紧张和模糊的渴求所带来的微弱的感觉。它们认为我们的存在性的整个意义是如此遥远，以至于我们不能够明确这种意义，总是处在远离它而不是靠近它的危险中。

此外，存在的完全意义又与我们面对面，仿佛我们能够抓住它的真面目，若不是因为我们缺少少量的勇气、力量和内在安全感。我相信，位于意识阈限之下的这种隐秘的不安、这种紧迫感，驱使现代人从社会主义转向尼采，从勃克林[①]转向印象主义，从黑格尔转向叔本华然后又转回来，不是源于现代生活的喧嚣和激动人心的地方，而是相反，这种现象经常是这种内心深处状况的一种表现形式、一种症状和一种爆发。

灵魂深处某些明确东西的匮乏，会驱使我们在恒新的刺激、感官和外在活动里寻求金钱满足。正因为如此，我们才在不安定性和无助感里挣扎，这种不安定性和无助感表现在大都市的纷扰、对旅行的狂

① 阿诺德·勃克林（Arnold Bocklin，1827—1901）：瑞士画家，象征主义的代表人物，深受文艺复新时期艺术和古代神话影响。虽然大部分作品给人以优雅的感觉，但其真正具有影响力的作品却是其部分画作中所展现的是神秘、压抑、恐怖与死亡的气息。尤其到后期，大部分画作是在描绘他本人的噩梦场景。

热、对竞争的疯狂追求以及现代典型的对品味、风格、观念和个人关系的不忠诚里。从逻辑上讲，金钱对于这种生活的意义就是从这本书已经提出讨论的前提里得出的。这里值得一提的是金钱的双重作用。金钱连同文化的所有手段和工具同在一个序列里。该序列挤在了内心和最终目的的前面，最终覆盖并取代它们。

要解释目的论的错位的无意义和后果，金钱是最重要的因素，部分是因为人们对金钱的渴求，部分是因为金钱本身的空虚及纯过渡性特征。

然而，在此意义上，金钱是处在这所有现象范围内的最高点上。就像其他技术手段一样，金钱起了把我们自己与我们的目的之间隔开的作用，只不过金钱更纯粹更彻底地发挥着这个作用。这里，金钱同样也显示出这绝不是一个独立的例子，而是这些趋势最完美的表达方式，这些趋势在较低现象的序列里依稀可见。然而从另一方面来讲，金钱是处于这个序列之外的，因为它通常是改变目的顺序的载体。

金钱作为手段的手段，作为现实生活最普遍的技术编制着目的顺序。没有金钱，我们文化的特定技术就不可能得到发展。

的确，即使在这方面，金钱也展示了它功能的双重性，通过这些功能，金钱重复着生活的最伟大、最深层的潜力的形式：一方面，金钱在人类存在性的序列里是和其他相等因素地位相等，或者甚至排第一；另一方面，它位于所有其他因素之上，作为一个综合的力量它支持并渗透每一个单独的因素。同样，宗教也是一种生活力量，一种对其他因素感兴趣同时又与它们对立的因素。一方面，宗教是使生活持续下去的因素之一；然而另一方面，它表述了我们整个存在性的统一性和基础。一方面，宗教是生活的有机体的一个环节，另一方面它与这个有机体相对立，因为宗教是在其巅峰状态的自足和内向性表现生活的。

生活内容的节奏和对称

我现在要讲生活方式的第二个决定因素，和距离感一样，这个决定因素不是用空间上而是时间上的类似物来描述的。因为时间涵盖的内在事件和外在时间一样多，所以比起前一种情况，我更直接地描述现实，更少地求助于象征主义。

这里我们关心的是节奏——生活内容按节奏前进或后退，以及这两个问题：不同文化阶段是支持还是破坏文化进程的节奏，以及在此过程中金钱是否不仅通过金钱自身的运动同样也通过对生命周期强化或削弱的影响起作用。我们生活的所有顺序都是由向上或向下的节奏管理的，起伏波动——我们在自然里很容易发现，也是许多现象的基本形式——也对灵魂产生很大影响。决定我们整个生活方式的昼夜交替现象表明了节奏是一个普遍的规律。

我们说两个意义同等重要的概念时，心里还是会觉得其中一个比另一个更重要：因此，举个例子，“真实与诗意”是和“诗意与真实”完全不一样的东西。如果有三个因素，其中第三个和第二个同等重要，这在心理学上是不可能完全实现的。但是，心理的波动形式会强调与第一个因素相似的第三个因素。因此，扬抑抑格的音步就不可能完全正确地读出来，而是比起第二个音节，我们会不可避免地稍微重读第三个音节。不分大小把活动顺序引入节奏重复的时期是为了节省能量。通过单个时期里手段的变化，生理和心理上的活动器官都轮流得到了休息，而同时这种轮换的规律性帮助整个复杂活动的调节，活动的规律性使得每一次重复变得简单。

节奏满足了多样性和规律性以及变化和稳定性的基本需求。在每一个时期都是由这些不同的因素组成的，上升与下降、质的和量的变化、规律性的重复使序列特征的得到保证。节奏的简单与复杂、节奏单个时期的长与短、节奏的规律整齐或偶有间断，为个体和社会、客观的或历史的生活序列提供了抽象的模式。

这里讨论的文化发展进程中，我们首先碰到了一系列现象，在早期阶段有节奏地发展，但是在后期就呈现出断续或者不规律的进程。也许这些现象中最让人震惊的是，人不再有固定的交配期，不像其他动物性兴奋和性冷淡时期是完全分开的，尽管原始人的行为还显示出他们这方面的周期性。动物交配期的不同基本上是因为这个事实：生产幼崽的时期食物要足够，气候也要适宜，从而适合抚养幼崽。

的确，某些澳大利亚原住民，他们没有饲养家禽，因此就没办法有规律地对付灾荒，只能在一年的恰当时候生孩子。能够掌控食物、保护自己不受气候伤害的文明人变得更为独立，因此在交配上，他可以听从个人本能，而不用遵循普遍的、由节奏确定好的性冲动。因此，上面提到的性交上的变化已经变成波动程度或大或小的连续统一体（continuum）。

在任何情况下都已经确定了的是，我们可以观察到出生率的最大值和最小值的周期性在农业地区比在工业地区更明显，农村比城市更突出。此外，在农村地区我们还可以观察到，孩子们按照有条不紊的节奏生活：睡觉与起床、活动与放松。

相反，城市人的这些需求（不仅仅是令他们满足的事）的规律性很早就被打乱了。女人代表着人类发展中分化不很高、与自然紧密相连的阶段。如果这一说法是正确的话，那么她们生理生活的周期性就可以很好地证明这一点。只要男人还直接依赖粮食收成或者打猎采果，此外还依赖小贩的到来或者定期的赶集，那他们的生活就会形成一时扩张一时收缩的节奏。在一些早就比澳大利亚原住民（比如说一些非洲人）先进得多的游牧部落里，某一季节找不到放牧草地，对他们就意味着一年回归一次的半饥荒时期。

即使在没有特定周期存在的地方，自给自足的原始经济也显示出了消方面的本质特征，彼此之间对照后的直接交换，从需求到盈余，从盈余到需求之间的转化。文化消除差别的作用在这里也很明显。文化不仅确保了一年到头生活必需品大致上数量相等，而且减少了货币手段造成的不必要的消费。因为现在暂时的盈余可以转化成货币，而用钱买东西的乐趣就平均地、持续地分散到一整年中去了。

最后，我想在这里提一下音乐里也有节奏，虽然这只是作为节奏发展一个很有特色的象征，并且与经济没什么关系，在音乐的最初阶段节奏是形式最鲜明、最受到重视的因素。阿善提①地区的一位传教士对那里的音乐印象很深刻，觉得非常惊奇，因为尽管音乐声很嘈杂、不协调，但音乐家非常完美地保持了节奏。加利福尼亚的中国戏剧音乐，尽管有一种很刺耳的噪音，但却有很严格的节奏韵律。

一位旅行者描述温顿印第安人的音乐节时说：“然后就来了一首印第安人唱抒发自己情感的歌曲，虽然非常奇怪，但他们都很好地保持了节奏。”如果我们进一步考察节奏发展的范围，会发现某些昆虫

---

① 阿善提（Ashanti）：非洲西部，非洲加纳共和国之一地区。

可以发出一种声音，由同样尖利并有节奏重复的音调构成，以此来吸引雌昆虫的注意。

相反，某些高级的鸟类可以唱出求爱的歌曲，节奏与旋律非常吻合。在音乐的最高层次，你会发现最近的音乐趋势是完全除去节奏，不仅瓦格纳的音乐如此，他对手的某些音乐也同样选择了那些不讲节奏的文本，把哥林多书和所罗门的训诫①编成音乐。音调高低的急变让位于更平衡或更不规律的形式。如果我们把这种趋势应用到经济和一般的文化生活中，那就更容易进行对比了，因为可以用钱在任何时候买任何东西，所以个体的情感和刺激就不再受制于节奏了——为了满足节奏必须得形成周期性。现代经济秩序因为在生产过剩和经济危机之间不规则地变化而受到评论家的诟病，他们想表明的是经济秩序还不完善，还需要建立一种生产和消费的连续体。

在这点上，我想指出交通手段的飞速膨胀，从开始邮车送信让人们可以联系却不够稳定，到后来实现了重要地区之间的联系不受干扰，到最后电报电话实现了随时联系。人工照明设备的进步不断消除了白天与黑夜的区别，改变了生活的自然节奏。文学印刷品，使我们不受思维活跃与休息这种自然轮换过程地影响，想读就读，为我们提供了思想和刺激。简而言之，如果文化，就像人们习惯性地说的那样，不仅超越了时间同样超越了空间，那就意味着我们的活动与享受不再受制于明确的时间周期的强制性框架，而是取决于我们的意志和能力，取决于做到这些的客观条件。

因此，生活的一般条件就从节奏中解放出来了，甚至平等了，为

---

① 前者指保罗为哥林多教会写的书，包括《哥林多前书》和《哥林多后书》。后者指《雅歌》，相传为所罗门所作。

个人提供了自由和可能的不规律性。统一在节奏里的规律性和多样性因素现在通过这种分化彻底消除了。

然而，也许把生活方式的发展简化成这种诱人的简单模式－即从生活方式内容的节奏到内容的实现都不受任何框架限制，它独立地发展——是严重错误的。这种说法只有在发展的某些阶段才是正确的，而这些发展阶段需要更深刻、更复杂的阐释。因此，我想先调查节奏的心理学－历史意义，忽略其纯粹的生理学条件（它只不过是在重复外在自然的波动）。

节奏与对称性的前后交替（Sequence）和同时完成（Simultaneity）

节奏可以被定义为时间上的对称，正如对称是空间上的节奏。如果我们用线条画出有节奏的运动，那么这些线条会是对称的。反过来，对对称的研究就暗含了节奏的概念。节奏和对称性两者是同一基本主题的不同表现形式。所有原材料成型的一开始，节奏就是给耳朵听的，而对称就是给眼睛看的。为了使事物具有一种理念、一种意义和和谐性，我们就必须使它的形状对称，在一个整体里组织各部分，围绕一个中心点均匀地分布各部分。所以说，当人的创造性力量遭遇了纯粹自然形式的随意性和混乱型时，这种力量就会以最迅速的、最直观的、最直接的方式表现出来。对称形式是理性主义的力量的最初展现，把我们从事物的无意义中解放出来，使我们接受事物的本来面目。因此，原始人的语言通常比文明人的语言要对称得多，甚至他们的社会结构——比方说，“百家村”就是处于不同地方的原始人的基本组织原则——也呈现出对称性的安排，这种安排是有思想的人把大众群体安排得井然有序、直观可见、易于管理形式的初次尝试。

最初对称结构是完全合理的。它便于从一个优势地位管理大众群体。比起各部分的内在结构和界限不规则不断变化的中介，通过一种结构对称的中介来传递动力，会不容易受阻力，会更便于计算。如果客体和人都同样被置于系统的支配下，也就是说，把它们对称分布，那就可以更合理地对待他们。

因为这个原因，独裁专制和社会主义都非常喜爱对称的社会结构。这两者的情况都是真的。因为两者都暗示着强烈的社会凝聚力，而这种社会要求降低社会组成部分的个性因素，要求减少社会形式的不规则性，要求社会形式的对称性。举个实际的例子吧。路易十四把他的门窗都设计成对称的，他的健康就因此受到威胁。相似地，社会主义乌托邦总是根据对称原则构造理想城市或理想国家的局部细节：居民点和建筑要么以圆圈要么以方形的形式来布置。在康帕内拉①的太阳城里，首都的设计用圆规精确测量和计算过了，市民的日常生活

① 康帕内拉（Tommaso Companella，1568—1639）意大利文艺复兴时期的空想社会主义者，哲学家、作家。他因参与起义而被关进监狱里。康帕内拉1622年在狱中写成的《太阳城》一书，是具有深远影响的空想社会主义著作。他在书中采用对话体裁，描绘出一个根本不同于当时西欧各国社会的新型理想社会。在这个社会里，没有剥削，没有私有财产；人人劳动，产品按需分配；太阳城里实行“哲人政治”，只有大智大慧的“贤哲”才能担任最高管理人（称为太阳）及其助手；教育与生产相联系，存在脑力劳动与体力劳动的差别。这一设想对后来的空想社会主义者有一定的影响。他的著作还有《论最好的国家》、《感官哲学》、《论基督王国》、《神学》、《诗集》及《形而上学》等。

以及权利义务的等级也同样精密划分过。拉伯雷的特拉美修道院[1]，与莫尔笔下的乌托邦截然不同，它展示的是绝对的个人主义。在拉伯雷的乌托邦里不允许时钟存在，每件事情都是根据需求和时机该发生则发生。

尽管如此，生活的无限制的可计算性和理智性诱惑着拉伯雷在他的理想国中按照绝对对称的方式布置建筑：六角形的巨大建筑、每一个角都有一个塔、直径是六十步的长度。中世纪建筑工人协会遵循着其严格的、有规律的、标准模式化的生活和精神，连建筑工棚都建成四四方方的。社会主义蓝图的这种普遍特征以粗鲁的形式显示了人类活动——已经克服了不理智的个人主义——稳定观及和谐观是深受喜爱的。对称一有节奏这种形式是作为第一种最简单的结构出现的，仿佛理智通过这种形式使生活物质风格化，便于控制，易于吸收。

对称一有节奏这种形式是理智第一次可以渗透到事物中去的模式。但是这同时也表明了这种生活方式的意义和恰当性方面的局限。这种对称一节奏的生活方式使两方面受到压抑：首先就人这个主体而言，人的冲动与需求总是出现在与固定模式的快乐、偶然的和谐关系里，而这种和谐不是预先规定好的；其次同样重要的是，就外部现实而言，外部现实施加在我们身上的力量及其与我们的关系只能被强迫纳入这种简单的模式里。适当考虑下其有效性的不同适用范围，我们就会提出一个明显矛盾的悖论：自然不像我们灵魂所想的那么对称，

① 文艺复兴时期法国作家拉伯雷在其著作《巨人传》里描绘的一个理想国。《巨人传》揭露了中世纪教会的黑暗和腐朽，反映了文艺复兴时期人文主义者对资产阶级个性解放的追求。在拉伯雷的理想社会里，人性是善良的，人民是纯朴的，他的理想的行为准则就是："你爱做什么，就做什么"。

灵魂也不像自然所想的那么对称。系统方法加之于现实的所有暴力和不合适的行为都要归因于生活内容的对称—有节奏的形式。

正如个体的人对其他人和事物的同化，就是把他自己生活的形式和法则强加于他们身上，以现实自己强大的力量。正如处于优势地位的人，在使事物服从他的目的和力量的过程中，会公正对待事物的特殊性。所以，强制性地把理论和现实世界纳入到我们的模式中，这是人的显著特征。但更为重要的是要清楚事物的特定规律和要求，遵循这种规律和要求，从而把事物纳入我们的存在和活动里。

因为这不仅可以显出人具有一种更大的包容性和扩展性，还可以使人可以创造性地使用事物的价值和可能性。所以，我们在生活的某些领域观察到，作为理性主义—对称性原则的节奏出现在发展的后期，然而在其他领域，这一阶段根据不同情况而消解了，这种有节奏—对称形式的约束性也随着条件的不断变化而改变着。

举个例子，也许我们会想，只有文化发展到较高层次的时候，人们才会有规律地安排一日三餐，从而把白天划分成有节奏的几部分。然而原始人不懂得有规律地安排一日三餐。正相反，我们前面已经提到过，原始人的生活有灾荒时期也会有举办盛宴的时候，这些周期不断循环，而在经济技术发达的时代已经完全没有这种周期了。

然而，一日三餐的这种规律性在其发展到最高阶段的时候具有了很高的稳定性，但也许不是在社会和精神的发展规模最大的时候。由于社会最高阶级的职业和社会义务，以及各种复杂的顾虑，这种规律性被打断了。

客观条件和日常生活的情绪也使得艺术家和学者终止了这种规律性。这已经表明了用餐时间的有节奏与无节奏，是和工作节奏相对应的。这里顺序的不同也展示了不同的关系。原始人劳动没有节奏，正如他们吃饭没有节奏。对需求的满足或者脾气的反复无常都会消耗大量的能量，会导致后面一段时期人完全懒散无力，与偶然发生的大量消耗能量轮流交替。

在北半球的一些国家里，一种固定的劳动秩序，有意义的劳作或休息的节奏，最初是在农业耕作里开始的，也许人们这样假设是正确的。在所有更为复杂的工厂劳动和办公工作里，这种节奏得到了最高程度的发展。

在文化活动的最高点——科学的、政治的、艺术的和商业作品里，这种节奏明显地减少了。

举个例子，如果我们知道某个作家每天定时写作又定时辍笔休息，那么我们就可以怀疑这种固定的写作节奏缺少灵感和内在意义。但是在按周领取工资的工人里，发展到了后期的节奏也会变得没有规律、无法预期，尽管是出于完全不同的原因。英国的大工业出现时，工资的每一次降低，工人就会遭受痛苦，而工资的降低又会扰乱大型企业的发展，其程度比起小工厂要严重得多，这是因为以前的行会会分担这种损失。

以前，手工业者在经济不景气的时候还可以继续做工以累积库存，而现在工人会被直接解雇。以前，当局固定了工人的工资水平，而现在物价的每一次下降就会导致工资的降低。据报道，在这些情况下，很多工人宁愿在旧的经济体系下工作，而不愿意拿高点的工资，但同时工作却不稳定，得不到保障。至少在部分上，资本主义以及与其相对应的经济个体化，使整体意义上的劳动以及劳动内容变得更不稳定，而且还使劳动屈从于更多的偶然格局。而在行会时期工作条件的稳定性赋予了每一日、每一年生活其他方面一种更为严格的节奏。

最近的调查表明，以前工作内容的安排有着普遍的节奏特征，特别是在原始的群体合作劳动中，并且常伴有劳动号子。但随着工具的日益完善，以及劳动的个人化以后，这种节奏特征就消失了。这是真的，现代工厂的组成部分仍然拥有强烈的节奏，但是只不过这些组成部分要求的是有规律不断重复的运动，在这种程度上，比起以前的劳动节奏，现在的则有了一种整体上的主观意义。以前的节奏是与生理一心理能量的需求相对应的，而现在的节奏要么与冷漠无情又客观的机器运动相关，要么与个人的必要性相关，而个人只是作为整个生产过程中及其微小的一部分起作用，为的是配合群体劳动里其他人成员的节奏。也许这导致了工人对这种节奏感的麻木。

像现在的交易联盟一样，以前的行会组织也会为减少工作时间而斗争。熟练工人协会可以接受的一天的工作时间是从早上五六点到晚上七点，也就是工作一整天直到睡觉。但是工会会争取一整天的休息时间作为补偿，而现代的工会所争取的则是缩短白天的工作时间。现代工人的工作与休息的规律作息周期变短了。对以前的工人而言，这种节奏感可以持续一周的时间，他们在这个周期里都是满足的。然而，也许是神经衰弱的结果，现在的人需要更频繁的刺激，还不得不加快工作与休息的轮换速度，为的是达到主观欲望期待的效果。

货币的类似发展

货币作为一种体制，其发展也遵循同样的模式。它也显示出某种有节奏的现象，这些现象是作为中间阶段出现的。从混乱无序的偶然性（货币首次出现必须具备的）开始，货币就经历了至少反映一种原则和有意义形式的阶段，直到发展到后一阶段。在这一阶段，货币具有了一种持续的可获得性，通过这种可获得性，货币可以调整自身以满足所有客体和个体的需求，从一种有节奏的以及更深意义上仍然偶然的框架下解脱出来。要满足我们的目的，就又必要通过一些例子具体阐释第二和第三阶段。甚至在16世纪，在像安特卫普[①]这样有大量的货币交易发生的城市，除了定期的汇票交易以外，人们根本不可能拥有大量的货币。当货币的这种可获得性，发展到任何时候人们需要钱时就可以得到钱时，就表明有必要产生一种完善的货币经济。

然而，货币交易在有节奏和无节奏之间的波动是典型的，安特卫普人对这种波动的认识也是典型的。在中世纪的安特卫普，那些习惯了货币交易的困难和不合理性的人称货币交易为“永恒的集市”。此外，只要一个商人用现金进行支付而且接受的也是现金，那么当他需要支付大笔款项，无论有多大时，他就必须准备好大量的现金。另一方面，当他收到资金以后，他还得考虑如何及时有效地投资这笔资金。大型银行里集中进行的货币交易使商人从攒钱和投资的周期性中解放出来了。因为只要商人和他的商业伙伴使用同一个银行，把必要的货币数量从一个账户转移到另一个账户，就简单地实现了资产和债务的平衡。个体的商人也只要随身携带用于日常花销的、数量较稳定又相对有限的现金，而银行也只需要储备比个体商人以前需要携带的数量相对较少的现金，因为不同客户之间的信贷和债务可以相互抵消。

---

① 安特卫普（Antwerp）：位于比利时北部，是比利时的第二大城市、欧洲第二大港、世界第四大港、世界最大的钻石加工和贸易中心。

最后，我还想举个例子。在尚未完善的货币体制下，货币短缺或充足的周期性波动导致了利率相应地波动，从最低到最高的周期性地波动。货币体制的完善会消除这种波动，所以与以前相比，利率相对比较稳定。因此英国账户里利率百分之一的变动就成了意义重大的一个事件。这样，个体商人的安排就变得更灵活，摆脱了他无法控制的那些波动，也摆脱了那些强迫他形成不好的经营方式的波动。

有节奏和无节奏赋予生存内容的形式不再作为发展的不同阶段轮流出现，而是它们本身同时出现。我们可以用有节奏—对称的象征和个人主义—自发性的象征来描述生活的两条原则，这两条原则是根本不同的两种趋势。

不像前面举出的例子，它们各自的对立面，不是总能通过发展进程的整合而得到调和，但是它们最终却刻画了个人和群体的永恒特征。正如我前面强调的，系统化的生活形式，不仅仅只是集中各种趋势（无论是个人独裁专制还是社会主义的趋势）的技术，它还具有独立的魅力。内部的和谐及外部的简洁，各部分的和谐及各部分命运的可计算性，都赋予了所有对称—系统化的组织以魅力。

这些组织的作用产生了一种形式化的力量，这种力量超越了政治领域，延伸到了公众和个人的很多兴趣里。这种组织应该赋予存在性的个体偶发性以一种统一性和透明性，让它们能够借这种统一性和透明性转变成艺术作品。机器产生的也是同一种美学吸引力。

机器运动的绝对规律性和可靠性、对对立和摩擦力的完全消除、最小和最大部件的完美缝合，都赋予了机器一种一眼就可以看出来的明显的美丽。在更大程度上被工厂组织重复的就是这种美丽，而社会主义国家则是这种美最大程度的体现。但是这种吸引力，像所有美学上的吸引力一样，都建立在最终目标和生活意义的基础上，建立在灵魂的基本特征的基础上。这种美学的吸引力或者证实力只通过直观材料体现出来。

我们并不是占有这种基本特征，像我们占有实际生活里的美学的、道德的、精神的、幸福的表现方式，而事实上我们就是这种特征。人类本质的这些终极规定性不能用言语表达，但是在具有指导性的它们的最终的个体表现形式里，我们可以感受得到这种规定性。

因此，感受到了生活形式里的贵族主义和个人主义趋势相对立时，我们就不可能争辩对立的生活形式里，哪种方式相对上要更吸引人。从历史上来说，贵族主义喜欢避开系统化，避开普遍的形式（这种普遍形式把个体置于处在贵族主义之外的结构里）。真正的贵族主义情感要求政治的、社会的、客观的或个人的自然的每一种形式独立地发展，从而证实各自的价值。因此英国生活的贵族式自由主义找到了表达其内在动机的典型形式，存在在对称性中，存在在把个体情况从相似情况形成的偏见中解放出来的过程里。狂热的自由主义者麦考利强调这就是英国立宪生活的真正力量，他说："我们考虑的不是对称性，而是实用性；我们不会考虑设定其他规范，除了那些特定情况所要求的。这些就是指导了从约翰国王到维多利亚女王的 250 届议会权衡利弊的规则。"这里否定了对称和逻辑圆满性的理念（它们把单个事物的意义汇聚到一个中心点），而支持这样一种理念，这种理念允许单个元素根据自己的情况独立发展，并允许整体作为不规则和不平衡的现象出现。

很显然，两种理念的对立深刻地影响了个体的生活方式。另一方面，存在着这样一种系统化的生活，它的不同部分围绕一个中心点均匀地分布，所有兴趣经过仔细的分级，这些兴趣的内容在系统允许的程度上存在。所有这些形成了特定的有规律轮流替换的活动，形成了一种活动和休息之间固定轮换的形式——简而言之，同时出现和前后交替的节奏——这一形势既不允许需求、能量和情绪的波动，也不给外部的刺激、情况和事件出现的机会。

相反，已经成型的生活形式是绝对安全的，因为它排除了那些与它不相符的东西，也排除了那些不能成功适应其体系的东西。另一方面，存在着各种各样生活的构型，在每一时刻的内在需求与外部世界的相应情况之间建立了最有利的关系，形成了一种结合了对事物自主生活的尊敬（这种尊敬是为了事务生活的表达形式和要求出现时，能公平对待它们）并随时准备经历和行动的心态。

这样，生活的可计算性和可靠的安定性就被牺牲了，狭义上的生活方式也是如此。生活没有被那些导向系统化和严格节奏的理念所控制，相反，生活是由那些个体因素组成的，不管其整体是否对称，而这种对称更多的是种束缚而非魅力。对称的本质在于这样一个事实：一个整体的每一个因素只有考虑到其他因素以及共同中心，才能够各存其位，各遵其道，各存其意。相反，如果每一个因素都只为了自身而各行其道，自行发展，整体就必然会变得不匀称，充满偶然性。就其美学映像来看，这种冲突是发生在（政治的、宗教的、家庭的、经济的、社会的或其他）社会整体和其个体成员之间的所有活动过程的基本主题。个体都努力成为一个有机整体，一个有它自己的中心的统一体，个体存在的所有元素和他的行为都是从这个中心得到连续的、彼此相关的意义。

但是如果超越个体的整体应该具有独立的统一性，应该实现自身具有自足意义的客观观念，那么它就不可能容忍任何自行发展的组成部分。

因此，人们不可能期望，一棵树依靠其他的树生长，却只需要其他树的细胞；一幅画借鉴了其他画，却只借鉴了画笔的笔法，而这些树和画本身却不具备任何完整的、独立的生命或者美学意义。整体的整体性（虽然这种整体性只有在个体的某些行为里，甚至是在个体本身里才会实现）和个体的整体性是永远冲突矛盾的。这种冲突的美学表达方式令人印象深刻。因为美的魅力总是蕴含在整体里，无论这个整体就是直观生动的，还是它像片段那样通过幻想弥补了这种直观生动性。艺术的最本质意义在于它能够从现实的偶然性片段里（它们与现实有着千丝万缕的联系）形成一种自主的整体性，一种自足的微观世界。个体存在和超个体存在的典型冲突可以阐释为，两种元素试图获得一种美学上令人满意的表达方式。

然而，看起来货币只是服务于这两种对立的形式中的一种的表达形式。因为货币自身是没有形状的：它自身没有显示出任何生活内容有规律地上升或下降的迹象；它每一时刻都是同样的新鲜有活力；通过它深远的影响，通过它把事物简化到同一种标准价值——也就是它平衡了许多上下波动，消除了疏远和接近、摇摆和平衡之间的相互轮换，而这些东西本来可以使个体的行为和经验的可能性发生影响深远的改变。我们把流通中的货币称为“液体的”货币，是很意味深长的。像液体一样，货币缺少内在限定性，毫无抵抗地接受任何固体事物加之于它的外在限定。

所以，货币是这样一种决定性的、不置可否的手段。它能把生活条件下的超个体的节奏转化成一种协调和稳定，这种协调和稳定允许我们个体的能量和兴趣得到更自由、更个性化、更客观的证明。然而也正是货币的这种非实质性的本质，它才能支持生活的系统化和节奏，只要发展水平和个体倾向急切需要它。

同时，我们已经观察到，自由立宪制和货币经济之间有密切的联系，同样值得注意的是，货币为独裁专制提供了极为有效的技术，一种把最远的地方也纳入到独裁统治下的手段，在物物交换的经济里，这些地点总是倾向于分裂和独立自治。虽然通过金融体系的发展，英国的个人主义社会已经发展并成为了一个主要的力量，但货币仍然还是社会的社会主义形式的先驱者，不仅是通过把自由主义转向其反面的辩证过程，而且更直接的是因为，正如我们看到的，特定的货币关系呈现出社会主义所努力建立的蓝图和社会类型。

货币成为了生活力量的一个范畴。这些生活力量的独特特征就是它们的本质和意义要超越存在在生活兴趣范围里的对立，并对这些对立不置可否，但同时又参与到这些对立中去，通过支持它们曾经不关心也不做判断的那一方。

首先，宗教就是这样子的。人们需要宗教，是因为宗教可以调和他的需求和满足、他的道德规范和实际行为、他对世界的理想观念和现实之间的二元对立。然而，一旦调和了这些二元对立，宗教就再也不能保持其曾经到达过的最高顶点，而是沦为对立二元之间斗争的舞台，并且认同了它之前统一过的存在的二元中的一元。一方面，宗教面对的是我们所感受到的整个生活（它和宗教的力量相同）。宗教是一种存在在人类本质的所有相对性之上的统一性。另一方面，宗教作为生活的组成部分，是生活的一部分，而整个生活取决于宗教与其他生活组成部分之间的互相作用。因此，宗教既是一个完整的有机体，又是一个单独的器官。它是存在性的一部分，同时又把自己置身于更高的、内在化的水平上。

其次，国家的行为也表现出同样的形式。当然，国家的意义就是居于各党派以及党派利益冲突之上，国家的力量归功于它作为社会最高权威这一抽象意义的不可怀疑性和地位。虽然国家拥有所有这些特征，但它因此而参与到特定社会力量的斗争里，支持某一群体的党派而反对另一群体的党派。虽然在广义上来说，另一群体的党派是国家的一部分，但在狭义上来说，它是与国家对立的。最高权威这个地位的双重身份在形而上学上重演了一遍。无论在哪种形而上学的哲学里，存在的整体性都被解释为一种精神性的本质，而绝对性（它创造了所有现象，又在现象中被表现出来）则被解释为一种精神性的实质。然而同时，我们必须认识到，这种绝对性是某种相对的东西。因为在现实中，精神对立着的不仅仅是肉身（正是在这种对立中，精神第一次实现自己的本质），还有低等的精神现象，比如邪恶、懒惰和敌意。这样的形而上学不会认为这些低等的精神现象是精神——它是存在的绝对实质——的一部分。相反，与这种精神并列的是所有实际的不完美的存在，它们是作为一方、一种平衡力和一种特定价值，甚至作为绝对包罗万象的精神而存在。

这种双重的存在状态在自我（self）这个概念里彻底地发挥了作用。自我认为这个世界在同一高度上与所有具体内容相对，独立于所有特征、差异和冲突。而这些特征、差异和冲突是存在在个体里的，仿佛是个体自己的私事。但是我们对生活的实际感受不允许自我保留在这个高度，而是对某些内容的认同多些，对其他的认同少些——正如宗教让上帝干预某些事情，虽然他应该在所有其他事物里同样起作用。一方面自我等同于它自身的某一特定内容，另一方面它又分化了自己，或积极地或消极地，在或高或低的水平上，与世界的其余部分对立，而本来自我的意义高于所有这一切。

这就是那种类型，货币在其统治范围里，与其他生活力量（它们的内容与货币非常不一样）共同享有这一类型。货币的意义也在于，它超越了所有个体兴趣和生活方式，达到了一个抽象的高度。它在个体兴趣和生活方式的运动、冲突和平衡中找到了自身的意义，其意义就在于它是一个不偏不倚的事物，不会显示出任何支持活反对某一兴趣的细微的痕迹。

当货币具备了所有这些独特的特性——能够超越距离，集中力量以及渗透所有地方，这些特性都是它与其他所有具体的、片面的事物保持距离的结果——货币就服务于特定需求或者生活形式。在这里，虽然作为一种形式，货币和宗教、国家和形而上学思想具有很多相似的地方，但是货币与这些力量还是有明显的差异。当所有这些力量认同了某一特定的兴趣和观点，它们就明显地偏向于冲突中的一方，而反对相反的一方。

它们联合或支持特定差异中的一种，虽然它们以前对这些差异毫不关心，这样一来它们就排挤了其他的差异。然而，货币一视同仁地服务于在其影响范围内的所有目的。一旦其他生活力量的普遍意义变成了特殊意义后，它们就存在对立关系里了，而货币不会存在于任何一种对立关系里。

当对立双方通过它们与货币的关系来实现彼此的差异并进行斗争时，货币无差别地为它们服务。通过这种一致性，事实上，货币保留了构成它的普遍意义的包罗万象的特性。货币的客观性在实践上不是位于对立之上的东西，以至于后来被一方滥用用来反对另一方，相反，这种客观性从一开始就同时服务于对立的双方。

然而，这样一来，货币就不属于包括了空气（各不相同的有生命机体同样地呼吸空气）和武器（冲突各方都可以同样使用的武器）等的大范围。但从下面这个例子可以看出来，货币确实是最包罗万象的。

人类世界里即使最根本的分歧和敌意也会给一致性和共同性留有余地，而货币做到的远不止如此。另一种不偏不倚的事物仅仅只是游离在它效力的内在目的之外，然而，货币作为抽象的实体以及价值世界的经济抽象物，无论它相对于所有主观性和兴趣而言有多么不一样，但是它还是会显现出为对立双方的独特本质和倾向服务的神秘能力。

对立的一方从货币所代表生活力量的价值宝库中提取表达方式、交流及独立的可能性，这些都与它的特定本质相适应，而对立的另一方得到了货币的帮助，这种对它内在本质的帮助同样灵活，同样有效。货币对于生活方式的意义，恰恰在于货币与所有片面的东西保持了距离，因此对立的任何一方都可以用货币作自己的工具。货币是存在这个难以构想的统一体在现实世界的象征，世界从这个统一体出发，在统一体的广度和多样性、能量以及现实里。只能用形而上学以这种方式主观地解释事物模糊不清的结构：世界内容形成的是一个纯粹精神的关联，世界内容只存在在一种理想中，而且只有那样（当然不是现时的过程），存在才能超越世界内容。有人曾这样表述这个观点：即“什么”获得了“是什么”的意义。

没人能够说清楚这种存在性事实上是什么，这种存在在本质上区分了真实事物与纯逻辑上合理的事物内容之间的区别。不管这种存在的纯粹的观念多么空洞抽象，它都是生命的一股暖流，流向事物概念的图式，使它们绽放，显露它们的本质，而不管它们的内容和态度多么相反对立。然而这种存在对事物而言并不是外在的或奇怪的东西，只不过该存在就是事物的本质，这种本质接受了该存在，并将存在发展成一种起作用的现实。在所有外在的实际的事物里（任何与绝对相似的东西只是局部有效），货币最靠近存在的这种力量。

货币本质上也是独立于事物之外的，它对事物之间的差异全不在意，因此每一个事物都可以完全吸收它，并使它的特定本质得到最大程度的发展。我已经特别强调过。货币对于发展有节奏、具体一客观的生活风格有着重要意义，因为不同风格相对立的程度之深，很清楚地标记名了货币所起的作用。

生活的节奏和变化以及货币供应的节奏与变化

最后还有第三个影响力，通过它货币为生活内容的形成和顺序做了贡献。这与生活节奏有关，不同历史时期、同一时期不同地区以及同一群体里的个体，他们的生活节奏都不一样。我们的内心世界仿佛在两个维度上延伸，它在空间上的大小决定了生活节奏。同一时间里，我们的观念内容的差异越大，即使观念数量相同，我们的经历就越多，我们走过的生活路程就越长。我们所感受到的生活节奏是生活的全部及其变化程度不同的产物。在既定时期内，货币决定生活节奏的意义首先表现在：金融环境的改变会引发生活节奏的改变。

人们曾经声称过，货币数量的增加——无论是通过进口金属、货币贬值、贸易顺差还是通过发行纸币——都绝对不会引起一个国家内部经济情况的变化。因为除了收入固定的人是少数，这人数也不会增加外，还因为如果货币供应量增加的话，每一件商品或者每一种劳动都会增值。但是因为每个人既是生产者同时又是消费者，那么个体只会赚到他多花的那部分钱，所以整个经济情况就没有改变。即使价格的这种成比例增加是货币供应量增加的客观效果，那么就会出现心理变化根本地改变。一方面，虽然收入增加了，但还是没有人愿意以比现在更高的价格买一件商品。另一方面，收入增加了，人们就很容易受此诱惑，花销更大，而完全没有意识到收入的增加被日常花销价格增加抵消了。

一个人手里可供花销的货币的增加——而不管这种增加只是相对性的——花钱的诱惑就会随着增加，这样一来，就促成了商品周转率的提高，以及经济观念里的增多、加速和多样化。人把相对的东西绝对化的这个基本特征，会隐藏事物和特定货币数量之间关系的流动性特征，让这种关系看起来就是一种客观的、永恒的关系。一旦这种关系里的任意环节发生变化，就会产生混乱，迷失方向。积极的东西和消极的东西之间的变更绝不可能马上得到心理作用上的平衡。当这种变化发生时，对经济过程以前的稳定性的认识就会受到各方面的干扰，而现在和以前情况的差异就会在各方面显现出来。

只要没有找到新的调整方法，货币数量的增加就会导致经常性的混乱感和心理上的冲击，因此会加深现有观念之间的差异和相对差距，进而加快生活节奏。

所以，说收入的持续增加会带来“社会的稳定”，这是一种误解。正是因为货币收入的增加，社会的较低阶层就骚动不安，这种情况依个人政治观点不同，要么被理解成贪心或对革新的狂热，要么被理解成健康的发展和活力，但是当收入和价格出于稳定状态时——意味着同时社会距离的固定——都会避免这种情况。

增加货币供应量对经济—心理过程发展的加速作用最明显地表现为贬值了的货币的后效，正如病态的、反常的生理状态最好地表明了正常生理系统的某些方面。不自然、没根没据的货币数量的增加，首先会导致所有物品价格摇摆不定、不合逻辑地上涨。

但第一次的货币过剩只能满足某些商品的需求。所以第一次发行了不可靠的纸币后，就会有第二次，第二次后又会有第三次。

据18世纪初的罗德岛人说："国家找了很多接口发行额外的纸币。如果纸币的增加排挤到了国家所有的银币，那么银币的紧缺又会使他们有足够的理由发行更多的纸币。"这种操作的悲剧性后果就是，为了满足第一次发行纸币带来的后果，就要不可避免地要再次发行纸币。这就会让人们更加深刻地认识到，货币本身就是这场运动的直接中心。纸币泛滥导致的价格革命，又会导致投机倒把活动，而投机倒把反过来又会要求增加更多的纸币。

人们可以这样说，当货币的纯功能性意义（不涉及它的实质价值）受到质疑时，通过货币供应量的增加而加速社会生活的节奏，就变得很明显了。整个经济节奏的加快在这里就被提升到了更高的高度，因为其起源是纯粹内在性的，也就是说，经济节奏的加快最先是在货币印刷中表现出来的。这种内在联系是通过以下事实显现的，在经济发展速度较快的国家里，纸币的数量很容易增加。

一位金融专家谈到北美洲时说："人们不能指望这里的人——不耐烦赚小钱，深信可以从一无所有或者至少有一点资本开始创造更多的财富——愿意做到自我控制以达到把发行纸币的危机降低到最小的目的，而这在英国和德国很常见。”然而实际上，纸币供应量增加带来的生活节奏的加快，是因为所有权的剧变。这点可以在独立战争之前的北美纸币经济里清楚看到。大量印制钞票（之前钞票的价值还很高）造成了纸币价值的极度贬值。昨天还腰缠万贯的人今天就有可能变成穷光蛋，反过来，那些用借钱时钱的固定价值来偿还债务的人，倒因此变成富翁了。所有权的变动不仅使得人们都迫切地要赶快处理手头的经济事物、避免长期交易、学会抓住现时的机会，而且它还在经济领域里造成了一种持续的动荡感、突如其来的裂变和震撼，并延伸到其他生活领域，所以人们就感觉这是经济进程日益激烈的趋势，或者经济节奏加快。

与稳定的货币相比，贬值的货币有一种特定的用途，之前已经说过，人们想用贬值的钱还债。因为债务人一般都是积极的经济生产者，而债权人大多数都是被动的消费者，他们对经济交易做的贡献甚少。

在18世纪的康涅狄格州和19世纪的英国，空头金券还不是合法的流通手段，而每个债主都被迫接受债务人用空头金券还债。货币对于经济生活的特定意义就更进一步实质化了，表现在这个事实：大量发行纸币，在一定程度上减缓了经济危机，使经济生活瘫痪。在这里货币在经济的客观发展过程中所起的作用与它在经济的主观发展过程中所起的作用是相互呼应的：因为人们曾正确地说过交换手段超多样化（其程度超过了交换所需要的程度）减慢了交换的速度，正如经纪人数量的增加使交易简单到一定程度，但是一旦超过了这一程度，经纪人就成为了交易活动的障碍。一般来说，货币的流动性越强，其价值就越不稳定，因为每个人都想尽快把货币从自己手里流通出去。

与这种观点明显对立的观点认为，交易是两个人的事情，一方想让贬值的钱尽快脱手，但另一方并不十分愿意接受，这种交易就不容易成功。

这一观点也不是非常正确的，因为有贬值的货币也比根本没有的好（但是如果是劣质的商品，情况就不一定一直如此）。一方面，出售商品的一方对金钱的兴趣抵消了他对贬值或低的讨厌。这样买方有兴趣买东西，而卖方却不愿意用商品换贬值的货币，双方不能达成一致，因为后者处于弱势，他不能通过前者有效地限制货币流通速度的加快。另一方面，贬值的货币或者只在特定情况下值钱的货币的所有者，他们致力于保护那些使他们财产值钱的条件。16 世纪中期，贵族欠了太多的债务，以致于国家破产的情况到处都是。

在法国，变卖养老金情况非常严重。据说人们声称要捍卫养老金，因为养老金很不稳定。这样作为养老金的持有人，臣民对国王的忠诚以及他们拯救国王的兴趣就因此大增。有意义的是，“partisan”这个词最初指的是借钱给国王的放债者，到了后来的马萨林[①]和富凯[②]时期，由于这些银行家和财政大臣之间的利益一致性，这个词就具有了“无条件的拥护者”的意思，从那时起至今一直保留了这层意

① 尤勒·马萨林（Jules Cardinal Mazarin，1602—1661），又译马扎然，法国外交家、政治家，法国国王路易十四时期的宰相（1643—1661）及枢机主教。

② 尼古拉斯·富凯（Nicolas Fouquet，1615—1680），法国路易十四时代1653—1661 年的财政大臣，以金融投机发财，后被揭发侵吞公款，被判无期徒刑。

思。以上是发生在法国金融极不稳定的时期，而到了苏利[①]时期金融情况有所好转，这些无条件的拥护者（放债者）就退到了幕后。后来当米拉波[②]发行纸币时，他强调只要流通货币存在，就要期待货币的可靠性。他说："你要考虑到采取措施时你所需要的支持者以及对你的成功感兴趣的债主。"因此，这样货币就产生了特殊的利益群体的划分，在此基础上产生了一种新的惯性倾向，一种新的活力。

但是如果认为，对于流通中货币数量增加所造成的后果，以及贬值货币对生产者和消费者产生的后果（对这两者造成的影响程度一样），人们对前者的感受程度比后者更大，这个假设就太简单了。实际情况中这种现象更复杂更反复无常。首先就客观意义而言，货币供应量的增加首先会造成某些商品价格的上升，而其他商品则保持不变。

人们认为，因为美国稀有金属的影响，自从 16 世纪以来欧洲商品的价格就以一种明确的、缓慢的速度上升。一个国家内货币供应量的增加首先影响的只是特定的群体，该群体小心防范货币的泛滥。首先，只有这些群体里成员互相竞争的商品价格才会上升，而由大众消费决定其价格的其他商品还是会很便宜。大量货币的供应导致了人们努力平衡价格差异，商品以前的价格关系被打断了，而每个家庭的预算则变得习惯了混乱和变化。简而言之，货币供应量的增加不均匀地

---

① 苏利公爵（MaximiliendeBéthune, duc de Sully, 1559—1641）。法国国王亨利四世的大臣，于路易十三继任后，未受重用。

② 米拉波公爵（Honoré - Gabriel Riqueti, count de Mirabeau, 1749—1791）：法国大革命时期君主立宪派领袖之一，1789 年曾以第三等级代表的身份入选三级会议，尽管个人反对三个等级联合开会，但他支持新建的国民议会的合法性，并于法国大革命初期在其中成为核心人物。

影响商品价格，这一事实必然会影响经济上积极的人对这一情况的理解过程，带来的后果是广泛的分化经验、现存群体的瓦解以及平衡差异的要求。当然这一影响——部分作用是加速，部分是减缓——不仅是价格不均而且还是货币价值本身不均造成的。也就是说，不仅是货币贬值造成的后果，也许更有可能是货币价值持续波动的结果。

据说在英国1570年货币改革之前，“如果所有先令的价值都降为4便士，就可以相对容易地调整交易以做买卖。但事实是，一先令一会儿等于12便士，一会儿又是20便士，接着又变成16便士、12便士甚至是8便士，使得每一个交换都变成一场争执。”

商品价格的不均衡产生了这样一种情况：某些人和某些职业以特定的方式通过货币价值的变化而获利，而其他某些人则损失惨重。以前的农民尤其是这样。

17世纪末，英国农民没什么知识，又很无助，实际上他们受到两方面的压榨。欠农民钱的人按钱的票面价值还钱给农民，而农民的债主却坚持要农民按照实际分量还钱。后来在印度，每一轮新的货币贬值情况也同样如此。农民出售其收成，却从来不知道卖得的钱够不够偿还他的地租。长期以来人们都已经清楚了，价格普遍上涨后，最后上涨的才是薪水。

一个社会阶层越弱势，他们的收入涨得越慢，涨得越少。通常，工薪阶层的消费品价格已经大规模上涨了好长时间以后，工人的工资才会上涨。由于存在着这一过程，就出现了很多震惊和愤怒。社会阶层的不断分化要求持续不断的改变，因为就新情况来看，保守的和防卫的态度已经不再够用。相反，要求去积极地斗争和征服，为的是保留阶级之间关系以及个体阶层生活水平的以前状态。

这就是为什么货币数量每一次增加就会扰乱社会生活节奏的基本原因之一，因为货币数量的增加在现有的社会差异和分化之上，甚至是个体家庭的预算里又产生了新的差异，这些都会不断地加速加深对这一过程的认识。

更明显的是，货币数量明显的减少会产生相似的结果，只不过结果的表现形式相反而已。货币和生活节奏的密切关系是通过这一事实表现出来的：货币数量的增加和减少，作为货币传播的不均衡的结果，产生了分化现象，在心理上表现为心理过程的崩溃、恼怒和克制。货币数量上的变化只不过是一种现象，或者是货币对于事物关系的意义——即货币是事物关系在心理上的等价物的累积。

货币给不同的事物创造了新的对等形式。我们根据事物的实用价值、美学价值、道德价值、劳动价值以及幸福价值，根据事物上百种质的和量的关系，把事物一个一个拿来比较，以至于这些事物在这一关系中相等，但到了另一关系里就完全不相等了。因此，事物的货币价值在事物之间创造了一种对等和比较，这绝非其他关系的一种固有功能，但却一直是某些价值概念的表达形式，这些价值概念是其他价值的起源和结合。

每一种价值观察角度——它超越了事物的通常模式以不同方式安排事物的顺序——同时赋予事物间的关系以新的活力，一种迄今为止还未知的结合和综合、发现相似和差异的建议。这是因为我们的思想总是致力于平衡那些不规则的东西，致力于在一致上强加差异。因为比起其他价值观察角度，货币在既定范围内能够在更大程度上赋予事物相似和差异，所以货币就激发了人们无穷的努力，在相似和相依这两种倾向的意义上，把这些努力和从其他价值衍生的排列中结合起来。

金融活动的集中

货币供应量的变化带来的结果就是，生活节奏仿佛成了这些变化的作用。除此以外，生活内容的削减也是金融交易的另一个结果。金融交易有着在相对少量的几个地方集中这一趋势。就局部性的扩散而言，有可能建立经济对象的尺度。

这里我指的是一些有特色的阶段。该尺度开始于农业，本质上，农业拒绝接受任何试图把它的不同区域集中起来的企图。农业不可避免地与原来的空间分散维系在一起。工业生产可以被压缩到某些程度：与手工作坊和家庭作坊相比，工厂是空间上的集中，而现代工业中心则是生产的微型世界。在这个微型世界里世界上的每一种原材料都被转换成客观产品，而这些产品就被分散到世界各地。这个尺度里联系最远的是货币交易。因为货币交易形式的抽象，货币与空间没有明确的关系：货币的功能可以作用于最遥远的地区。它甚至在任何时候都是潜在影响这个圈子里的中心。另一方面，它能够把最大的价值浓缩到最微小的形式里，譬如杰伊·古尔德[①]签发的价值 100 万的支票。通过货币手段集中价值以及通过货币的抽象形式集中货币，与这两者的可能性相对应的是集中金融交易的可能性。

目前为止，一个国家的经济越是建立在货币的基础上，金融活动

---

① 杰伊·古尔德（Stephan Jay Gould，1836—1892）：美国人，现代商业的创始人，19 世纪美国铁路和电报系统无可争议的巨头，“镀金时代”股票市场的操纵者。他在 1869 年对黄金市场的狙击导致了被称为“黑色星期五”的大恐慌。他创造的操纵市场、筹集资本、吞并竞争者的新手段，很多也已成为如今金融市场标准的操作模式。

就越集中在了货币交易的大型中心地区。与农村不同，城市一直就是货币交易的所在地，这种对比也存在于小城镇和城市之间。一个英国历史学家说过，伦敦在其整个历史里，虽然从来不是英国的心脏，有时是英国的大脑，但却一直作为英国的钱包在起作用。

相似的是，据说在罗马共和国的末期，在高卢花的每一便士都会记录在罗马的财政簿上。财政拥有的这种离心力对交易双方都有利。一方是借贷方的利益，由于流入资金的竞争，他可以以较低的利息借到钱（罗马的利息率比古代平均的要低50%）；另一方是债权人的利益，因为虽然比起边缘地区，货币的价值没那么高，但是任何时候都可以用这些钱进行投资，而这比以较高的利率把钱借出去重要得多。

结果，人们发现克服中心金融市场发生的经济收缩比中心周边边远地区的要容易得多。通过集中——这是货币的内在本质——这一过程，货币渡过了把分散在个人手里的钱集中起来的原始阶段。金融交易把货币集中到股票交易所，就取消了个人支配货币的优势。比如说，即使在15世纪的里昂和安特卫普，股票交易所给个别金融大亨带来了巨大的利润，他们把货币的力量物化为一个中心组织，这一组织甚至凌驾于最强势个体的力量和规则之上。他们还要防止单独的金融公司发展到能决定世界历史的发展趋势这一情况，像福格尔家族曾经做的那样。

财政中心不断演变的更深层的原因显然在于货币的相对性。这是因为，一方面，货币表达的只是商品之间的价值关系；然而另一方面，不像其他商品，每一定数量的货币的价值是不能够直接确定的。只有与出价的总额相比，货币才有意义。

所以，最大限度地把货币集中在一处，大量货币金额之间的激烈竞争，以及供求与需求的主要部分的平衡，会更加精确地的确货币的价值，并且在更大程度上利用货币。任何地方的一蒲舍尔①谷物都具有特别的意义，无论这个地方有多偏僻，无论谷物的货币价值是多少。而一定适量的货币，只有与其他价值联系起来时才具有重要意义。因此，为了获得更稳定以及更公正的估价，货币需要尽可能地面对其他价值。这就是为什么不仅“所有一切都迫切要求黄金”——人和物都是如此——而且货币自身也要求其他一切。货币寻求与其他货币的结合，以及它与所有的价值类型及其所有者的结合。

同一类型的相互关系反过来也同样有用：大量的人聚集在一起就产生了对金钱的强烈需求。在德国，对金钱的一个主要需求源自一年一度的集会，由当地领主举办，目的是从钱币交换和对货物征税中获利。通过把较大范围内的商业强制交易集中到一个点上，极大地增强了买和卖的倾向，因此对金钱的需求也成为一种普遍的必要。不管在哪，大量的人不断聚拢到一起，相对而言对金钱的需求就变得更强烈了。因为货币中立的本质，货币是许多不同类型的人之间的最合适的桥梁和沟通手段。人越多，他们进行交易的赖以建立的基础范围就越小，除非他们把金钱利益作为基础。

价值的流动性

所有这些都表现了在何种程度上货币象征着生活节奏的加快，以及货币如何根据流动着的货币数量和种类、不断变化的印象和刺激才

① 蒲舍尔（bushel）：计量谷物及水果的单位，等于8加仑或大约36.4升。

衡量自身。货币有以下这些倾向：它们要么汇聚到个人手中要么累积到固定的局部中心地区；它们把个体的兴趣接着把个体本身聚集在一起；它们之间在共同的基础之上建立起联系，就像由货币所代表的价值形式所决定的那样，把各种不同的元素集中在可能的最小空间——简而言之，货币的这些倾向和能力起着一种心理作用，能够丰富生活的多样性，也就是提高生活节奏。在其他地方已经强调过这一观点，15 世纪，资本主义在德国迅速发展，人们首次形成了现代的时间观念，即时间作为一种有用又稀有的东西而有价值，而那时随着廉价货币的大量涌入，世界贸易和金融中心共同在发展。正是在这个时期，教堂的时钟开始每隔一刻钟就敲一次。

塞巴斯蒂安·弗兰克——他第一个发现货币的革命性意义，虽然抱着悲观的态度，还是他第一个认为时间为珍贵的商品。所有这些相关联系最典型的象征物就是股票交易所。就是在股票交易所里，所有的经济价值和利益彻底简化成金钱的表现形式。股票交易所和代理人形成了尽可能密切的局部程序，为的是以最迅捷的方式实现货币的清算、分配和平衡。价值浓缩为金钱形式，现金交易浓缩为股票交易，这双重的集中让货币能够以最短的时间迅速地从大量的人手里转出。比如说，纽约证券交易所每年的成交量是棉花投机活动中棉花收成的 5 倍，到了 1887 年，其成交量甚至达到了所售石油全年生产总量的 50 倍。

随着某一种价值报价的波动起伏，成交量的变动频率会上升。的确，兑换率的波动就是 16 世纪做王室期票的固定股票交易所发展起来的原因。因为这些期票体现了王室——比如说法国国王——信用地位的变化，与以前价值固定的期票相比，它们起着一种完全不一样的刺激买卖的诱惑作用。期票价值变化次数会增加，而这常常是因为货币直接表达期票价值的灵活性特征导致的。

而这既是股票交易所是现金交易的中心地区这一事实的结果又是其原因。股票交易所是所有价值变动的地域性焦点，同时又是人们经济生活中最为精彩刺激的地方。人们面红耳赤，情绪时而乐观时而悲观；因有价值和无价值的事而物紧张兮兮；迅速地抓住影响时局的每一个因素同时又很快地忘掉——所有这些都代表了生活节奏的急速加快，以及这种变化中的极度动荡和压抑，其中货币对生活中的心理进程的影响最为清晰可见。

最后，相对于其他事物而言，货币的流通速度必定会加速生活的普遍节奏，只要货币是普遍的生活兴趣中心。圆形的硬币可以滚动，正是这种“圆形”象征着货币强加给交易的运动节奏。即使有些地方硬币最初是方形的，经过不断地使用，硬币的角还是会被磨平，变得圆圆的；因此这种必要的形状就为交易的密集化提供了最有利的手段形式。尼罗河沿岸的国家，几个世纪以来甚至还有由玻璃、木材还有玛瑙制成的圆形货币——所用材料的不同暗示着货币的形式才是货币变得普遍的原因。涉及大笔的金钱时，人们就用“四舍五入”这个原则不是偶然的巧合。

“四舍五入”是个相对意义上的现代词语。抬头人为英国财政部的支票的最原始形式是数目为非整数的标签，它们还通常作为货币流通。

只有到了 18 世纪，这些标签才被可背书的票据取代，这种票据代表是从 5 英镑或以上四舍五入的数目。令人惊讶的是以前人们对四舍五入不怎么关注，甚至是数目比较大的钱。1530 年福格尔家族同意支付给菲尔迪南皇帝 275，333 弗罗林和 20 克朗[①]，而到了 1577 年，马克西米连二世就欠福格尔家族 220，674 弗罗林，这种例子不是少数。股份制的发展经历了一个类似的过程。在 17 世纪的荷兰，东印度公司的参股可以分成你所想要的大小。只有该公司的交易力度加强了后，以 500 弗兰德斯镑为一个固定单位的金额才成为交易里唯一的所有权单位即“股份”。即便如今在零售业里，涉及相当一笔数目的现金交易时，也是用四舍五入的整数，而在一些偏远的地区，价格还是很少四舍五入。

以上提到的，货币从不方便的大硬币到小硬币然后到纸币汇票，这一发展过程和四舍五入一样，对提高交易速度有着同样的意义，而二者又有着形式上的相似。随着交易速度的提高，也增加了人们对小额货币的需要。

在这种情况下，很有意义的是，1984 年一家英国银行发行的支票在兑换前平均要流通 57 天，而到了 1871 年，只要流通 37 天就被兑换了。如果把土地的流通速度和货币的相比较，很快就会发现不同时期的生活节奏也不一样，而不同时期经济生活的支点不一样，要么是土地财产要么是货币。比如说，人们会认为，相对于内在或外在的波动，税款的支付是取决于课税的对象。在盎格鲁 – 撒克逊和诺曼时期的英国，只专门征收土地税。过了不久，对动产的某些部分（四分之一、七分之一和十三分之一部分）开始征税。

征税对象的种类越来越多，最后现金收入成为税收的正当基础。这样一来，征税就取得了一种前所未有的可灵活性和可调整性，结果

---

① 弗罗林（Florin）和克朗（Crown）均为英国旧币制中的硬币，一弗罗林值 2 先令（现值 10 便士），一克朗值 5 先令（现值 25 便士）。

个人的纳税额变得越来越灵活，每年都有变动，而财政收入的总额却保持相当稳定。土地财产还是货币对生活节奏有重要意义，以及重视土地财产还是货币，可以解释为什么保守派的人重视农业。

中国人认为只有农业可以安邦兴国，也许就是因为这个原因，他们对土地买卖课以重税，所以大部分二土地买卖都是私下进行的，没有在官方注册。但实现了通过货币刺激生活节奏的加快后，它力求把这种节奏强加在土地财产的对抗形式上。在18世纪，宾夕法尼亚州为私有土地的买卖提供抵押，并允许票据当作纸币进行流通。

本杰明·富兰克林说过，这种票据事实上就是被铸成钱币形式的土地（coined land）。相同地是，德国保守派人士宣称，最近几十年有关抵押的法律会对土地财产进行清算，将地产转换成某种纸币，可以以你想要的数额的票据转手。以至于正如瓦尔德克所说，好像地产之所以存在就是为了可以通过拍卖出售。毫不奇怪的是，在肤浅的意义上，在几个我们不了解的方面，现代生活使其内容开始流动。

在中世纪和文艺复兴时期，现在狭义上我们说的“可移动财产”或家具没什么市场需求。衣柜、餐具柜和长凳都钉在镶板上了；桌子和椅子都很沉重，所以经常都不会挪动它们，而小的可以挪动的家具是没有的。以后，家具，像资金一样都可以被移动了。

最后，我想阐释的是，通过一种合法的管理手段，货币经济运动的力量强迫其他生活内容跟上它自己的节奏。有这样一条古老的法律原则：从合法所有者那里被拿走的物品，无论何种情况，都要归还其原来的合法所有者，即使现在的所有者是通过合法手段得到它的。只有当涉及货币时，这一法则就无效了：根据罗马以及现代法律，已经被偷走的钱，不能从本着良好意愿得到钱的第三方手里拿走，再归还原主。显然这种例外情况的必须性是经过商业交易活动证实过的，否则商业活动就会碰到障碍，受到干扰，陷入混乱。

然而最近，人们把这种归还豁免权扩大到其他所有受商业法管辖的事物上。这一现象暗示着商业交易的加速使得每一件商品都类似于货币，允许商品只作为货币起作用，并使商品从属于相同的所有规定，而这些规定是货币为了便于交易而制定的。

恒定和运动：理解世界的范畴

下面的文章将要描述货币通过其特殊的本质以及上文已经提到的货币的技术性结果，对生活节奏起的规定性作用。对恒定和运动这两个概念进行准确的描述，可以显示实现二者的形式之间的二元对立。如果我们想象一下世界的实质，那么我们很容易就会想到一种为所有人祈求的观念，一种不会改变的存在，这种观点暗示着排除了物质的增加与减少的一种绝对的恒定性。而另一方面，如果我们集中思考这种实质的形成，那么我们就可以彻底超越恒定。一种形式不断地转变成另外一种形式，世界就呈现出一种恒动（perpetuum mobile）的状态。这是在宇宙学的以及形而上学的意义上理解存在的二元性。

然而，如果我们用的是一种彻底的实证法，那么恒定和运动的对立就呈现另一种状态。如果我们观察世界的图像就是它直接呈现在我们面前的样子，那么就存在某些能够历经时间而保持不变的形式，而这些形式的元素却一直不断地在改变。

因此，有机形式保持恒定，虽然其组成元素不间断地改变。

举个例子，彩虹是恒定的，虽然形成彩虹的小水滴却在一直不断地改变位置。的确，在每一个非有机物体里，只有微小组成部分的关系和相互作用是不变的，而这些不为我们所见的组成部分本身却一直在做不间断的分子运动。因此，现实本身处在永不停歇的运动中，虽然我们无法观察到这种运动，那是因为我们缺少足够敏锐的洞察力，而运动的形式和格局却在持久不变的客体表象中巩固加强了。

我们可以运用恒定和运动的概念理解被感知的世界，除了这两个概念外，还有第三种概念。也许恒定有一种意义，即它能够超越任何延长的时间段。

最简单然而在这种情况下也够充分的例子就是自然法则。自然法则的有效性表现在自然元素的某种格局必然会发挥一种确定的作用。这种必然性完全不受现实中是否有先决条件。

不管发挥了一次还是上百万次作用，不管是现在还是一千年以后起作用，自然法则都是永远有效。它的本质和观念排除任何改变和运动。即使我们没能把无条件的有效性与无条件的确定性归因于某条单独的自然法则，自然法则也还是起其作用。

这不仅是因为我们的认识不能够区分循环却偶然的各种现象的结合与事实上的因果关系之间的差异，所以它会受到修正，而且还因为每一条自然法则只对一种确定的思想状态起作用，而对于另一种思想状态来说，真实的世界藏在相同事实的不同形式里面。然而虽然人的灵魂会一直发展，而且这种发展很缓慢而不易察觉，但是在某一个既定的时刻里就没有自然法则能够不受制于时间的流逝。但这种改变只涉及自然法则可以被我们感知的内容，指的是自然法则的意义和概念。法则超越现实中不完美的情况而存在，却因此证明它自身的合理性和意义。

法则的理念依赖的是法则超越一切运动，依赖的是不受任何既定条件的影响都能其作用，因为这些条件会变。运动形式和恒定的这种独特、绝对的形式之间肯定是对应的。无论时间延伸得多长，恒定都能够超越时间的这种延伸，直到它与特定时间的关系被自身的永恒有效性或数学规律所瓦解，所以变化和运动也可以被看作是绝对的，仿佛时间这个特殊的尺度不存在一样。

如果所有的运动都是在“这里”和“那里”之间进行，那么通过这种绝对的运动——永恒状态的反面，这个“这里”就彻底消失了。超时间的事物在恒定的形式里有效，与它们相反的物体则在变化、不恒定的形式里有效。

我毫不怀疑，恒定与运动的对立是足够全面的，我们可以从中发展出一套世界观。另一方面，如果我们了解支配现实的所有法则，那么现实实际上就被简化成它的绝对内容，它的永恒的超时间性的意义。即使现实不是建立在此基础之上，因为自然法则根据其理想内容，对它的实现内容的任何个体情况都漠不关心。但是正是因为现实内容完全被自然法则——自然法则不断地从原因中发展出结果，然后又让这些结果作为原因起作用——吸收了，另一方面才使得人们可以在那种绝对的运动（赫拉克利特[①]已经通过象征性的形式阐释了这种绝对运动）中，去感受现实，感受世界的具体的、历史的、经验上的表现形式。如果把世界观简化到这种对立上，那么任何持久的东西，任何指向现在以外的东西都从现实中抽离出来，集中到纯粹法则的理念王国里了。

---

① 赫拉克利特（Heraclitus，约公元前540—公元前480），古希腊哲学家、爱非斯派的创始人。认为一切都是变化流动的，“人不能同时踏进两条河流”。

在现实中事物本身不会持续一段时间，通过不断变化，每一种形式一出现马上就消失在时间里了，它存在仿佛只是为了被摧毁。每一个形式凝固而持久的事物——不管它持续的时间多短——都不完整地说明了，事物不能够以自己的步伐跟上现实的运动。存在整体的统一性完全包含在纯粹持久和纯粹不持久的事物的统一体里了。

货币是存在之相对性的历史象征

货币象征着世界绝对的动态特征，而世界上再也没有比货币更明显的象征物了。货币的意义就在于它会被花掉。当货币静止不动的时候，根据它的特殊价值和意义，它就不再是货币了。货币偶尔会出现静止的状态，是因为人们期待它能再次流动。货币只不过是一种运动的载体罢了，在这种运动中其他所有静止不动的事物彻底被消灭了。货币是一种纯粹的运动。它一直处在离开任何既定地点的自我异化中，因此就形成了它的存在性的对应物，直接否认自身的存在。

但也许货币就是一种象征物，代表着界定现实的反面形式。一笔单独的钱款事实上及本质上是在不断运动的。但这只是会因为货币的价格与有价值的单个物体有关，正如普遍法则与实现这种法则的具体情况有关一样。如果法则，它本身凌驾于所有运动之上，因此代表了所有运动的形式和基础，那么财富（没有被细分为个体价值，由货币所表现出来）的抽象价值就是经济活动的灵魂和目的。就有形而言，货币是这个外部实际世界里最短暂的事物。

然而就内容而言，货币是这个世界上最稳定的事物，因为它是所有其他现象中差异和平衡的出发点。货币以及法则的理想目的，是成为衡量事物的一种尺度，而自己也不会被测量，一种只有通过无尽的发展才能完满实现的目的。货币表达的是存在于经济商品里的关系。商品之间的关系不断改变，货币却保持不变，它就像数字比例，反映的是许多变化着的事物之间的关系，它就像万有引力定律，关系的是事物的质量以及它们无穷变化的运动。

正如一般概念在逻辑上的有效性不受这个概念的数量和变化的影响，说明了这些概念是合理的，那么货币——也就是内在意义，通过这种内在意义一块铁或一张纸就成为了货币——也是目前为止经济事物的一般概念。这些事物不一定要是经济上的，但是如果它们想要是，只要它们自觉遵守货币所包含的价值规律，它们就成为了经济事物。

一种构型物同样地参与到现实的两种基本形式里，这种观察可以解释这两种形式的关系。它们的意义是相对的，也就是说，一种形式在另一种形式里才能找到它解释这个世界的逻辑和心理可能性。

只是因为现实总是在运动，承认其对立面（永恒有效的合理性的理想系统）才有意义。相反，正是因为存在这种合理性，我们才能够理解并把握存在的暗流，否则存在就会流入到彻底的混乱中。

乍看起来世界的普遍相对性只熟悉这种对立中的一方，事实上相对性吞没了另一方，并证明自己是另一方的女主人，而这另一边只表现为一个群体。

同样，货币也超越了它作为单一的经济价值的意义，为的是代表普遍的抽象经济价值，把这两种功能纠缠在一起使它们不能分开，从而使得任何一种功能不能排在第一位。

货币作为历史世界的一种构型物，象征着事物的表现行为，并在自身和事物之间建立一种特殊的关系。社会生活越是被货币关系控制，存在的相对性就对精神生活越起作用，因为货币只不过是体现经济商品价值相对性的一种特殊形式。

正如绝对论的世界观代表的是人类精神发展的确定阶段，这一阶段与人类事务的对应实际的、经济的和情感条件有关。

所以相对论的世界观似乎能够表达我们的精神在某一瞬间适应现实世界的关系。更准确地说，相对论的世界观是由社会和主观生活的对立图像证实过的，在这种对立中货币发现了真正有效的载体，以及反映货币形式和运动的象征。